希波战争

The Greeks and the Persians

（英）G.W.考克斯 ——— 著

于艳 ——— 译

应急管理出版社

·北京·

序　言

希罗多德在自己的作品中将希波战争史比作一部世界史。很多民族或是部落早在波斯帝国和其对手交锋前便被收服了。仔细去研究这些民族和部落的历史，我们可以发现很多有趣、翔实的故事。之所以会这样，也许是因为不管是在希腊部落还是其附近的东西方部落，都没有留下和其历史相关的文字记载。

在这本书里，我们只会在两种情况下提到那些非希腊民族，其一是讲述和希腊历史有关的事情，其二是需要用这些部落的特性来表明希腊和这些他们所认为的异族或蛮族的联姻关系。

波斯陆军和海军分别在普拉提亚和麦凯莱两战中的失利其实已经标志着希波战争的结束。在回顾这一段与东方专制主义和西方自由法制有关的重要斗争中，我会抽丝剥茧，去寻找细节，虽然在漫长的历史中这些细节实在太过渺小，但它们一直存在，所以我们可以通过它们或多或少地揭开历史的真面目。简单来说，我想做的是让大家知道在什么方面可以信任历史，而不是去揭示有多少历史是毫无依据的。毋庸置疑的是本书中所提到的一些事情是很难被佐证的，还有一些事情也已经被证明是假的了。大家可以根据我在书中所讲述的各种事情做出自己的判断。但值得一提的是，本书中所讲述的马拉松之战和列奥尼达攻打瑟莫皮莱的前因后果皆是根据希罗多德本人所说的内容而写。因此，书中所展现出的历史便对各党派之间纷争不休的起因和因雅典人的能力、英雄主义而起的斗争及其性质，都有着充分而清晰的光辉呈现。

希波战争，又称波斯战争，对后世产生了极大影响，也是本书首卷中的一部分内容。有关资料已经有了更新，很多历史内容也有了新的解读。我将写作重点放在了那些最具吸引力的并且带领雅典走向帝国之路的历史情景和相关人物上，这也是我所选择的最好的讲解方式，让大家可以直观地感受那场战争。在我看来，任何轻视年轻读者的阅读能力和理解力的做法都是大可不必的，因为不管是处于哪一个年龄阶段的读者，都会被精彩的历史场景和历史事实所打动。

在这里，我还要解释一下"希腊"的拼读问题：由于现在希腊的拼写已经是用正确的英语拼写形式表达，所以在本书中我不会改变希腊的拼写，我更希望诸如雅典、底比斯、科林斯、色雷斯等的正确拼写情况会越来越多。

本书中将会保留诸如修昔底德、居鲁士等拉丁语的拼写方式，以英语为母语的人对此也是极为熟悉，若是强行去改变拼写方式反倒会让人觉得不适应。事实上，我们所提到的这些姓氏并非纯粹的拉丁语或是希腊语，所以再去计较用哪一种语言进行拼写都没有太大意义。而对于研究历史的学者专家而言，或许以波斯语来拼写这些单词会更有帮助，比如把希斯塔斯佩斯 Hystaspes 拼写为古斯塔什 Gustashp 等。

这些个别的特殊情况并不会影响希腊语的拼写原则，它们也有自己的用处。本书中的所有相关事件将会一直以我之前所提的拼写原则为准。不过，因为很多英语读者也许会对一些名称或是人物不大熟悉，所以虽然我们还是会使用亚历山大大帝 Alexander the Great，但是可能他祖上的名字应该写为亚历山德罗斯 Aleuandros。

从近年来所出版的研究希腊历史的作品中可以发现，虽然并不一定非要以希腊语的拼写方式为主，但这其实是一种比较公平的做法。以希腊语进行拼写可以帮助英语中的拉丁语词汇转换发音方式，很多语言学家也是认可这种方式的，所以在此我们不做赘述。其实用拉丁语讲述弗里吉亚的小城镇时，年轻的读者很有可能会将其读作希腊语中的"月亮"这个单词，以此来了解希腊语 Kelainai 的拼写，也会发现其实希腊语的发音与真正的拉丁语发音并无太大区别，比如 c 和 k 的发音相同，双元音 ai 和 fail 中的 ai 发音一样，oi 和 ei 与 sheen 中的 ee 发音相同等。

目　录

01 希腊文明的发展史

回顾历史长河我们可以发现，东方帝国要想占得一席之地，都只能进行开疆拓土。无数历史证明只要上位者动了征服的念头，便会将其付诸行动，而政权的衰落也必将是伴随着奢靡和懈怠。严肃说来，如果一国的百姓没有国民性，无法提升自己的智力，也没有个体独立的追求，那么这个国家的前景将是一片黑暗。国内若是将帅放肆、士兵野蛮，那么文官和百姓将会受到打压，掌权者也只能依靠上一辈所打下的根基来维持现在的繁华。不过，假设此时有一个人从这样的掌权者手上夺取了大权，而他本身能力和这个掌权者不相上下的话，那么这种江山易主的情况其实是无法改变国家现状的。那些同开国之君一起打下江山的大臣们将会为皇家效忠，成为家臣，可是一旦有外人夺得王权，他们也会俯首称臣。

波斯人（Persian）便是根据这种规律在公元前 6 世纪的时候一跃

成为东方最强者。古巴比伦 [1] 的掌权者成为了尼尼微（Nineveh）[2] 的统帅们的手下败将，而最终赢家则是实力强悍的米底亚（Media）[3] 的君王及其下属。不过米底亚人很快便察觉他们的领头人正面临着更厉害的对手，那就是波斯王居鲁士二世（Cyrus Ⅱ）[4]。而米底亚人之所以会束手就擒，并非因为缺乏粮草，而是因为冬季高原的寒流来袭。如此一来，伊朗（Iran）的战士们便拿下了米底亚和吕底亚 [5]，伊朗的富商们也用最大的热情替他们的君王成功地将巴比伦和埃及的财富据为己有。

由于拿下了吕底亚，波斯人可以接触到一些希腊部落，而这些部落的同宗部族基本定居于爱琴海西部一带，当时全球最骄傲的世俗君王将会在这些部落身上得到最惨痛的教训，让他知道强行以暴力逼迫

---

[1]　公元前 2300 年的古巴比伦是阿卡德帝国的乡镇，在幼发拉底河两岸；在公元前 18 世纪到公元前 6 世纪之间成为美索不达米亚地区的重要国家。——译者注

[2]　尼尼微在底格里斯河东岸，处于美索不达米亚平原地带，古亚述人曾居住于此。尼尼微是新亚述帝国的都城，在长达半个世纪的时间里都是世界上最大的城市。新亚述帝国的附属国——巴比伦、米底亚和卡尔迪亚联军在公元前 612 年吞并了这里。——译者注

[3]　因为在公元前 7 世纪到公元前 6 世纪之间，这里的统治者是伊朗语族游牧部落米底亚人，所以将此处命名为米底亚，这里当时也是伊朗高原西北处的奴隶制国家。——译者注

[4]　居鲁士二世即居鲁士大帝，现在的伊朗人称其为"国父"。他先后攻下米底亚、吕底亚和新巴比伦三个国家，是强大的波斯帝国的开国之君。——译者注

[5]　吕底亚位于现在土耳其境内西部一带。在公元前 1200 年到公元前 546 年间，吕底亚是小亚细亚半岛上的一个古王国，之后被居鲁士二世收服，成为波斯帝国的一部分。——译者注

奴隶们上战场后，在遇到那些因为向往自由、法律而拿起武器作战的人们时，他们将会溃不成军，同时也让他亲眼见到自由军队是怎样战胜因为利益而捆绑在一起的恶势力的。如此一来，欧亚之间的战斗究其本质就是井然有序的政府同杂然无序的专制统治之间，以及追求言思自由的法律之人和依靠暴力治国的蛮横君主之间的争斗。

若是波斯王在希腊获得了胜利，那么就会像希腊以前拿下的埃克巴塔纳（Ecbatana）[1]、巴比伦和孟斐斯（Memphis）[2]那样，境内皆是波斯人，专制的锁链将会从黑海岸边套到赫拉克勒斯大力神殿[3]上，欧洲的自由将不复存在。拜占庭[4]帝国的百姓们便是这样。波斯王并没有意识到在他开疆拓土的道路上，任何障碍都可以绊住他的脚步。之所以这么说并不是凭空猜测，而是因为最开始对波斯王发起挑战且最终获胜的只是一群普通得不能再普通的"小镇上的人"，而非同他一样实力强悍的军队统领。贫者不受嗟来之食，这些普通人决不为五斗米折腰，即使对方是他们的同宗，即使这些同宗一直都自称最讨厌侵略者。

---

[1]　埃克巴塔纳是公元前8世纪后期古米底亚王国的都城，位于现在的伊朗。——译者注

[2]　孟斐斯是古埃及的政治、文化、宗教中心，也是中古王朝时期的都城。据说是埃及第一王朝的首位君王美尼斯在公元前3100年左右建造的。——译者注

[3]　赫拉克勒斯是宙斯的儿子，古希腊的一些贵族世家自称是其后代。——译者注

[4]　拜占庭拼作Byzantium，古希腊迈加拉在公元前657年在此建立殖民地，后改名为君士坦丁堡，如今被叫作伊斯坦布尔。拜占庭帝国便是在拜占庭的基础上建立的，也是欧洲历史上建国时间最久的君主制国家。——译者注

波斯大军压境使得希腊的各个城邦惶惶不可终日，唯独雅典与众不同。历史学家希罗多德[1]曾说过"雅典改变了这件事"，他也是唯一得出这一结论的人。希罗多德给后世留下了一个和战争有关的故事，可以说也是现代社会的典型范例。在塞斯托斯[2]被侵略、雅典帝国还未成形前，希罗多德不过6岁。他专心致志地进行着各种考察研究，即使其无趣乏味，最终他终于了解到了波斯战争中的各种矛盾纠纷，与此同时也必须在雅典帝国建国前找到战争的起因。显而易见的是战争的导火索是希腊庇西特拉图王朝[3]的驱赶，而王朝的覆灭也是因为梭伦[4]在改革中极力打压了贵族世家的排外势力。这些世家霸占着幼发拉底河，想要根据自己的规则来掌控国家大权。

这场改革是人类历史上最为重要的一次，其持续时间也十分长，卷入其中的氏族皆以是希腊人[5]为傲，不过，最后的结局似乎不能证明此点。这场变革并非一帆风顺、扶摇直上，有时也会进入低谷期，离第一原始目标越来越远，可是这场运动确实大幅度提高了人类的智力

---

[1]　希罗多德（约公元前480年—公元前425年），古希腊作家、历史学家，后世称其为"历史之父"，其代表作《历史》以第一波斯帝国为主线，详细讲述了其历史，也是西方文学史上首部完整流传至今的散文作品。——译者注

[2]　塞斯托斯位于色雷斯半岛，是一个古希腊小镇。——译者注

[3]　古雅典庇西特拉图王朝（公元前546年—公元前510年），共历经三任君主。——译者注

[4]　梭伦（公元前640年—公元前558年），古希腊雅典城邦诗人、改革家、立法者，出生于一个没落世家。他在公元前594年担任雅典城邦的首任执政官一职，编撰法律，后世将其所推行的改革称为"梭伦改革"。——译者注

[5]　希腊语中称其为赫楞人。——作者注

水平，这是史无前例的。就其根本而言，这场变革是大部分人反对氏族的运动。氏族只是政治体系中的一个小部分，一些人根本没有权利去掌控一个国家，可是法律赋予了每一个公民相应的权利去参与社会运作。若是说在这场变革中雅典是先驱者的话，那么这绝对不是因为他们有勇气先行，或者是拥有绝对的实力，也不是因为他们被称作"希腊人的领导"。

根据如今的定义来看，希腊确实算不上一个国家，也没有严谨的组织，它是由一个个独立的单元所形成的，而每个城邦的人都在怀疑、厌恶和嫉妒着这一切。在这段时间里，希腊的各城市发展成为了社会的最后单元。此外，就整体而言，希腊人也不再是人类的领头人。

波斯之战[1]导致希腊陷入一个无比尴尬的处境中，因此他们只能推行更加开明的政策。可是，希腊的历史本就是由斯巴达（Sparta）[2]不断反抗而形成的。希腊人本想让城邦的独立无序取代社会应有的秩序，而最后作茧自缚，陷入了孤立无援的状态。从此之后，希腊史无非是以对抗城邦的、不断重复的战争所形成的历史罢了。虽然在这个过程中希腊也曾获得一些权威，可这看起来更像是在威胁那些独立的周边

---

[1]　波斯之战发生在公元前499年到公元前449年之间，波斯先后攻打了亚洲、北非、黑海北部沿岸一带和巴尔干半岛。——译者注

[2]　斯巴达是古希腊的城邦，在伯罗奔尼撒半岛南边，其最为出名的则是严格的军事化管理和专制统治。在伯罗奔尼撒之战中，雅典成了斯巴达及其盟国的手下败将，希腊也被其收入囊中。但这一胜利果实没过多久便被刚崛起的底比斯夺走。随着马其顿的发展越来越好，斯巴达对希腊的影响力也逐渐消失。——译者注

国家。

其实，在波斯战争爆发前，希腊便是这个样子了，不过这也是政治和智慧的发展期。只是希腊人没有发现这才是所有事物积极发展的前提，而这一发展最终是在大不列颠的土地上开出了最美的花。

当时还没有像希腊这样的国家，所以我们应该要结合当时希腊每个部落的成长环境，这样才能解释最终为何会是这样的结局。无论是推行独裁专制还是实施宪法自由，雅利安人[1]的社会之所以可以这么做，都是因为他们完全不和周围民族交流，是一个孤立的状态。换而言之，雅利安人犹如困兽，得不到任何有利之处。这样的比喻并不算过分，因为我们不能忽略一个事实，那就是雅利安人的政治格局就像是将村庄作为社区的组织结构。在这种局面里，家庭的房子便不仅只是一座城堡，而且还是一座神圣的宫殿。经年累月所养成的排外习惯让各家各户保持独立，并且延续到当时的社会中，导致希腊或是罗马城邦之间无法建立起沟通桥梁。

我们可以想象一下当时的情况：一名男子若是离开了自己的家族范围，那么他在这世界上就是两手空空，什么都没有了，不过敌人是他唯一与生俱来且会持续拥有的。在面对这些宿敌时，他不会有任何恻隐之心，也不会手下留情，在战场上更是手起刀落，狠辣决绝。而

---

[1] 雅利安人位于俄罗斯乌拉尔山脉南边的草原上，是一个历史悠久的游牧民族，他们在公元前15世纪左右来到南亚次大陆，建立了吠陀文化和种姓制度，同时也在印度引进了雅利安周边的遮普语族的语言。雅利安语在19世纪的时候是印欧语的代名词。——译者注

在和平年间，他绝对不会让家人和外人联姻，在教育晚辈时也决不懈怠。可以说他在自己家中是有着最高的地位，不管是妻子还是孩子都只能听从他的命令，可一旦离开了自己家，他便一文不值，毫无地位可言。正如前文所说，这个人就和被困在洞穴之中的野兽差不多。不过，早在人类最开始的时候，就知道要为生存而努力，活下去是他们的信念，而这一信念被刻进了人类的文明史中，也印在了人类的骨子里。所以为了存活下去，人类会促进事物向积极的方向发展。

在最初的时候，若是家中主人死亡，其妻子、奴隶都会被要求去殉葬，好在黄泉路上陪伴家主，让家主在死后依旧能够享受到生前的待遇。所以这位家主活着的时候处于说一不二的地位，死后依旧如此，并且会被当作家族的守护神，为后世子孙所景仰。不过，若是下葬之时出现了问题，那么这位家主的灵魂也难安息。因此，只可以让合法代表来为其举办葬礼，换而言之就是让其和结发妻子所生之子来举办葬礼，嫡子所拥有的绝对权力便是从家主手中继承而来的。因此，绵延子嗣便成了家族中最重要的事情。

婚姻是神圣不可侵犯的，男人必须履行这一义务，一旦他拒绝，就会失去公民权。夫妻婚后若是没有子女，那么就要举办一个隆重的收养仪式。不过需要说明的是这种收养是宗教意义上的，因此被收养者必须放弃原有的家庭和信仰，就像新婚妻子那样，进入一个新的家庭，并且遵守新家庭的信仰。其实，任何一位家主或父亲都不会知道别人家的家规，也不会认可和别人在宗教意义上有任何关系，因为他只属于自己的家庭。但是当其儿子慢慢长大，并且开始组建新的家庭后，

　　原有家庭的范围一定会变大，逐渐形成家族，而家族中的每一个人都有着血亲关系，也会信奉着同样的神灵。而这些家族就是之后的氏族的雏形，也就是希腊人所说的，具有同族血缘的族人或是兄弟。

　　在家族向氏族过渡期间，各氏族也许会结盟，这样便避免了因为冲撞了对方的信仰而刀剑相向的局面。不过这种结盟并不是在接受生人进入族中最为隐秘的信仰之地的基础上达成的，因为这是对信仰的亵渎，罪不可赦，而是通过最常见的结盟仪式扩大氏族范围，从而形成部落。而城中的部落也是在有着同样的宗教信仰的基础上，慢慢形成自己的风格，这也是政治发展中的局限性，但是希腊人并不愿意打破这一局限。

　　由此我们可以发现，宗教情结是古代雅利安人不可或缺的一部分。在市政厅或者是雅典的某一圣地上，圣火永存，其守护者绝对是本族人。任何部落[1]中都有一样的祭坛、仪式和神职人员；每个氏族的后代也都遵守着一样的规定；每个家庭的父亲都是家中的绝对领导者。因此，外人对于这个国家而言就像他们对于家庭而言，并没有任何立足之地。也就是说，外人在这个国家中没有权力去守护别人也没有权力保卫私人财产，不过也许他根本也没有真正的属于他的财产。所以外人在这里只会觉得痛苦不堪，当地人不会让他成为公民，也不会让他参与政治，因为这将是对信仰的亵渎和侮辱。

　　这种情况自然是不利于国家发展的，所以要想国家有所改变，只

_____

[1]　希腊人也将其叫作宗族。——作者注

能祈祷领导者和其他人发生冲突或是开战。按照当时的局面来说，国家也无法找到最为方便的资源来建立绝对的权威。掌权者必须保证国家的司法拥有神圣不可侵犯的地位。而在民间，父亲之于家族宛如教皇之于基督教，一般来说拥有着绝对权力。所以家长权，即古罗马法律中所定义的父权并非希腊人首创，而是人类早期社会中的普遍情况。雅利安人不可能去废除相关法律法规，因此只能对其提出修正。于是我们便看到了前进中的两种斗争：一种是为了稳固自身地位，迫切地想建立起自己的权威的斗争，不过这终究是竹篮打水一场空；一种则是那些没有公民权的人拼尽全力去为自己争取相应的权利。第二种斗争让希腊史有了不一样的色彩，不再像东方历史那样索然无味，并且比罗马史更加惊心动魄，引人关注。在东方世界里，人们即使是奋起反抗独裁者，最终也只会迎来新的独裁者，对于那些掌控国家大权的希腊贵族而言，其冲突大多是宗教方面的。地方官掌控着当地城市，其手中权力同家主一样，而他们所信仰的也都是上帝。他们依靠着身份和血缘变成上帝的代理人，平民代表则是依靠平民的支持才能去争取平分贵族的权力。这对于世家大族而言，不仅有可能引发异常暴民运动，而且还是对上帝的玷污。

可是对于有组织的社会而言，若是城镇发展不够迅速的话，那么就很难解决各城之间的沟通障碍。雅典在巅峰时期创建了帝国，稳定山河，这也会减弱或是消除那些由来已久的偏见。雅典确实将传统观念都抛诸脑后，新建了专制政权，并且得到了大众认可，雅典正在努力将那些孤立已久的城市联络起来，建立一个完整的社会，希望每一个公民都能享受到法律平等所带来的权益。但雅典的这个做法引起了一些人的反感，因为他们排斥外族，觉得自己的法律受到了侵犯。因此，掌权者将外族人驱赶出境以示惩罚，而这种惩罚的严重程度不亚于死刑。但让人欣慰的是，在历史长河中，那些最无理的法律法规都逐渐被修正，各大城市中的自治小镇的联手也慢慢消除了宗教的排外习俗。

对于阿提卡（Attiki）[1] 来说，之所以能有这样一个好的转变，主要还是因为忒修斯（Theseus）[2] 的强政，是他让面积略逊于英国的、和郡县差不多大小的雅典一跃成为了政治中心。不过希腊的总体情况一如往昔，没有发生任何变化。男人之间的结盟依旧是靠着血缘维持，和约克（York）[3]、布里斯托（Bristol）[4]、谢菲尔德（Sheffield）[5]、伯明翰（Birmingham）[6] 的楚河汉界一样，而在他们看来，最高的特权还是可以向对方开战。不过，他们可以随心所欲地实施这种特权，

---

[1]　阿提卡位于希腊中东地区，在公元前 13 世纪便有了独立居民点，其政治中心是雅典，这里最为出名的则是橄榄果、无花果、葡萄。——译者注

[2]　传说是忒修斯创建了雅典城邦，他也是著名的改革家，推动了阿提卡的政治联合，是一个传奇人物。——译者注

[3]　约克位于英格兰北约克郡，于 71 年建立，是一座历史古城。——译者注

[4]　布里斯托位于英格兰西南地区，曾是古罗马的殖民地，后来航海家会从这里出发，去探索新世界。——译者注

[5]　谢菲尔德位于英格兰南约克郡，是一个自治区，之前也是古罗马的殖民地。——译者注

[6]　伯明翰位于英格兰中西部地区，是一个自治区。在盎格鲁 - 撒克逊时期便有人居住于此，其山区一带则是防御外敌的天然保护屏障。——译者注

并不需要三思而后行。之所以会有这种情况，是因为大家都遵循着同样一个理论——社会的最终单元是城市。在这个理论中，城市将是男人的会聚地，而每一位男性公民都会在城市的政局里立足，同时也享有立法和处理政务的权力。著名的公民大会（ecclesia）[1]便是这样的机构。但是对于像利物浦这种居民数量庞大的城市来说，如果将城中事务都交由政务会处理的话，一定会增大城市的管理难度。按照亚里士多德的观点来说，一座城市若是想建立健全宪法制度，那么其城市居民数量不可过多，也不可过少。希腊人没有想到的是可以在男人团体中选择一名代表进行投票。这会导致在公民大会中没有立足之地的人，即使不是外国人，也无法拥有政治权利。这样的待遇其实和外乡人或者是带着妻儿在塞西亚（Scythia）[2]沙漠流浪的野人没有什么区别了。

虽然希腊的部落依旧排斥外族、保持孤立，但是在人类现代史的开端时期，部落中开始流行属亲关系。这些人习惯性称呼自己为希腊人，这使得他们和别的部落有所不同，对此我们可以从广义上称其为"国民性"。而这些人之间的联系枢纽应该是语言，按照当时的情况分析，各部落的宗教同希腊人的信仰是大同小异的。假设他们所信奉的是同一位神灵，那么唯一的差别可能是各部落对这位神灵的称呼不一样，

---

[1] 古希腊城邦国家的最高权力机构，但其实真正的政权是归国王所有。早在忒修斯进行改革前，雅典便已经有公民大会了。——译者注

[2] 位于古代欧亚大陆的中部一带，伊朗东边的塞西亚人在这里定居。古希腊语的塞西亚是指欧亚东北边以及黑海北岸的全部地区。——译者注

不过希腊人对此肯定是持怀疑、抗拒的态度。也许如希罗多德这种家教良好的旅行家和历史学家会有足够的兴趣去研究埃及神职人员的叙述，这种叙述会让历史学家相信黎明女神雅典娜（Athena）[1]这个名字就是将埃及神尼斯[2]名字反过来读而已，不过他的国民自然是不会相信这一说法的。若是希腊人不了解语言和名字的话，他们马上就能察觉到不对。希腊人的直觉很准，所以即使听不懂对方在说些什么，也能从其话语间感觉到亲疏内外。如果一个人所说的话让希腊人完全听不懂，那么这个人一定是野蛮人，所说的也是野蛮话，即使是同某些后天加入希腊语的部落语言相比，他说的语言和希腊语近乎同源。希腊人并不了解语音规范化的法律，只能依据声音来辨别。可因为每种语言的词语发音相差甚大且种类繁多，所以只根据说话来判断对方的意图并不可行。不过他们通过这种无知的做法得到的结论对于政治而言则是特别重要，它代表着波斯战争将是希腊人和野蛮人的交锋，或者说这就是已经掌握了语言的人类和原始且野蛮的落后人之间的较量，后者说话时就像是愚蠢的动物一样。

虽然希腊部落的语言和宗教比较相似，但是希腊最落后和最发达的两个部落之间还是会存在着极大的社会和智商上的差距。可基本上是无法将他们进行对比的，或者是将希腊部落同亚洲帝国的百姓做一

---

[1] 雅典娜在古希腊神话中代表着智慧，是奥林匹斯十二主神中的一员。希腊在早期的时候将其视作纯洁和光明的代表。——译者注

[2] 尼斯是古埃及神话中的创世之神。——译者注

个对比，大家一定会发现他们之间的差别，而这正好能证明之前所提到的希腊人的国民性。

对于亚述人（Assyrian）[1]和波斯人而言，人类的身体不过是他们可以肆意践踏和侮辱的物品而已，他们享受着别人在他们面前虔诚叩拜，也习惯于将他人用以献祭于神灵。在他们眼中，女人就是奴隶，孩子则是他们可以进行交易的私人财产。希腊人并没有觉得这种观念有多可恶，所以他们并不会害怕挖人双眼、割人双耳、削人鼻骨这些惩罚。

从其他方面来看，东方人对赤身裸体很是排斥，觉得其有伤风化，希腊人则是坦然接受，并且欢欣雀跃。从各种力量和技能的比拼中，便能发现希腊人对于这种形态美的喜爱，并且还会依靠各部落之间以或独立或联合的方式来举办的各种节日活动，增强其与宗教的紧密性。也就是说这种尊重他人的态度是和道德上的自我尊重相辅相成的，他们不惧羞耻，也不会觉得这种做法是伤风败俗的行为。希腊暴君会请外国雇佣军来守护自己的安全，但是其臣民则时刻想着那些同类相残的悲剧，他们也醒悟过来，知道用这种波斯贵族式的崇拜去听从暴君的指令是可悲无用的。

在社会和智商教育方面，希腊人和其他周边邻里的差距极大。最初的时候，不管是家庭聚会还是活动地点都是定在灶台或是祭坛旁

---

[1] 亚述人定居于西亚两河流域北边地区，有着4000年左右的历史，在上古时期推行军国主义，后来成立了亚述帝国，横跨亚非，风光无限。——译者注

边。在部落氏族和城邦部落结合的方式逐渐流传开后，参与聚会的人也越来越多了。因为部落结盟都是纯宗教性质，就像同一宗系的氏族和部落，所以各部落人员聚在一起时也不会有什么冲突。那么，氏族聚会的规模也就远大于家庭聚会。奥林匹亚（Olympia）[1]、皮托（Pytho）[2]、提洛（Delian）[3]、尼米亚（Nemea）[4] 等地因此也扬名于世。神职人员既可以在建筑规模较大的神殿中供职，也可以在其他宗教团体中任职。从大局上来看，节日活动虽然不能教育民众，但在某些方面，这些大型的节日活动有着极大的魅力，在希腊社会中盛行。希腊人所写的颂诗能让人心潮澎湃，朗诵者动人的声音、诗中优美的乐感等都是别的时期和国家所无法企及的。虽然希腊人在经过节日活动后会满心欢喜地回到家中，可是希腊人同英国人还是有所差距的。英国人觉得若是和周边邻里开战，这将是一件不讲道义的事情；而希腊人虽然以自己身份为荣，但这并不是因为他们有着一个和平共处的美好愿望，即使当时在中央政府的管理下，城市的掌权者也在采用和平的管理模式。

城市的掌权者们应该站在民众的角度上，尽力实现大家的愿望和

---

[1]　奥林匹亚是著名的神殿，位于古希腊伯罗奔尼撒半岛上的艾利斯一带，奥林匹亚运动会便是在此诞生的。——译者注

[2]　古希腊的神殿之一，也是氏族聚会和活动的中心。——译者注

[3]　古希腊历史遗址，著名神殿之一，拥有着上千年历史。在希腊神话中，太阳神阿波罗和狩猎女神阿尔忒弥斯便是出生于此。——译者注

[4]　尼米亚位于希腊伯罗奔尼撒半岛东北一带，也是著名的古希腊氏族聚会中心。——译者注

需求，而不是一直内斗。希腊人已经开始看不起别的城邦国家了，可是其社会内部还是没有完全摆脱蛮夷之风。希腊境内也依旧保持着村庄社区制。此时，斯巴达人则以城市没有围墙为傲。历史学家修昔底德（Thucydides）[1] 曾说过，斯巴达便是由四个村庄所形成的。除了伊庇鲁斯（Epirus）[2] 依旧保持着乡村生活方式外，整个伯罗奔尼撒半岛（Peloponnesus）[3] 的西北地区也都是如此。

希腊的先进之处主要体现在希腊人是十分赞同智力独立发展的，而当时别的部落和民族都没有意识到这一点。为了运用智力来探索真相，希腊人也曾发表过很多谬论，但他们从来不惧失败。这既是东西方雅利安人之间的最大差距，又是现代欧洲科学发展的前提。希腊人明白在人类社会中，他们在担负使命的同时，也要了解各种法则。他们明白这是在考验他们的忠心，其中寄予了对他们的厚望。在思考使命和法则的同时，希腊人也在对义务追本溯源，周边环境让他们的思考进入了一个更深层次、更宏观的境界。

在人类所处的世界中，无时无刻不在发生着变化：光明黑暗不断变换，春夏秋冬四季更迭；白天烈日当空，黑夜星光闪烁；那些挂在天边的明星，

---

[1]　修昔底德是著名的古希腊雅典历史学家、文学家和将军，其代表作为《伯罗奔尼撒战争史》，此书对于西方史学有着重要意义，修昔底德也因此被称作"政治现实主义学派"之父。——译者注

[2]　伊庇鲁斯位于古希腊西北地区，曾为希腊科林斯城邦管辖处，在公元前4世纪时期同雅典结盟，后来又先后归顺于马其顿和罗马。——译者注

[3]　伯罗奔尼撒半岛位于希腊南边，历史悠久，遗迹甚多。在公元前2000年左右流行迈锡尼文化，其南边地区多为斯巴达所掌控。——译者注

有些岿然不动，有些绕轨而行；火山爆发、地震海啸都能轻而易举地毁掉人类的所有心血。凡此种种，是好是坏？其来自何处？为何而存？林间的风为何？音乐又在表达什么？这些都是希腊人在思考的问题，而他们也在某一时期对此进行了解答。所有事物都是存在的，而其间大部分都有意识。世上发生的种种现象都是神在掌控。秋叶飘落、漫天风雪是因为夏日之子、大地之神珀尔塞福涅（Persephone）[1]，若是想让大地之神不那么忧伤，那么就必须将她的侍女带回伊洛西斯[2]城里的约会之处。人们运用自己的想象力为世界增添上神话色彩，但有一点贯穿始终，那就是所有现象都是人为的。不过希腊神话体系并不适用于解释宇宙的源头问题。神话里轻松地将山河大海、无边黑夜解释为混沌之子，可混沌又是从何而来呢？也就是说世界起源于哪里呢？在试图去寻找这些问题的答案时，即使只进行小小的尝试，也会被称作一场思想革命。

希腊人一马当先，勇往直前，完成自己的使命，其洞察力远胜于巴比伦、埃及，以及掌控着各种天文观测经验的神职人员。随后，希腊人又开始探索其他事物，并着手用不一样的方式来解决问题，他们主要是利用现在已知的一些知识和事实去为新事物做出一个合理的解释，或肯定或否定，并且以此来验证理论是否正确。在这条新的探索

---

[1] 珀尔塞福涅是古希腊神话人物，为冥界王后。她的父亲是宙斯，母亲是农业女神德墨忒尔。她有一个特性——在冥界是死神，在人界是丰收之神。——译者注

[2] 伊洛西斯位于古希腊的西阿皮卡地带，在雅典北边，从这里到雅典，不过18英里（约30公里）的路程。同时伊洛西斯也是古希腊宗教遗址，埃斯库罗斯便是在此处出生。——译者注

路线上，人们摸索着前进，以智力为武器，开辟出新的天地，而之前已经点燃的火炬也将由希腊的思想家们传递下去，之后的伽利略、哥白尼和牛顿也是火炬传递者。

02　希腊人的生活史

　　希腊各个部落若想团结一致，那么就必须以宗教为纽带。宗教之间的关联不会因为两个地区相隔甚远而减弱，同样地，两个相邻地区也不会因为距离太近而增强宗教联系。不管是在斯巴达、科林斯（Corinth）[1]，还是在雅典，那些领兵出战的殖民者和居住在故乡的人一样，都是真正的希腊人。他们所在的驻守之处和他们的故乡都属于希腊。所以，不管在什么时候，希腊都不能算是一个严谨的地理名词。

　　随着希腊民族的发展，希腊的领土也会时而增加、时而减少，虽然从坎伯尼群山到伯罗奔尼撒半岛的最南边都在希腊的领土范围内，或者说是属于那些以希腊人自居的部落，但是意大利半岛南边的希腊

---

[1]　科林斯是古希腊城邦国家，位于伯罗奔尼撒半岛东北，在波斯之战与伯罗奔尼撒之战中和斯巴达统一阵线。——译者注

人自称为大希腊（Magna Græcia）[1]。而这个大希腊则是由拥有着繁华都城的半岛海岸所构成的，从现存的希腊废墟中，我们可以想象在那时候希腊所拥有的繁华热闹。在其和迦太基（Carthage）[2]抢夺西西里（Sicilia）[3]的统治权时，希腊的殖民者们富可敌国、权势滔天，丝毫不逊色于迦太基。可惜当时希腊的社会政治处于分崩离析的状态，这才让罗马帝国有机可乘。

　　然而，希腊的殖民者也统治着一个强大的国家，其成就也不容小觑。为了开疆拓土，他们可以强迫自己去抢夺海岸边的穷乡僻壤，也可以深入他族领地。希腊人向来是自信满满，他们不仅知道自己是雅典人或斯巴达人，也知道自己是人类的领头羊。希腊人所经之处，既有黑海东北边的塔内斯河岸、撒丁岛（Sardegna）[4]和罗纳河口，也有特拉皮瑟斯河和西诺沛河；既有如今西班牙的伊比利亚[5]殖民地，也有北非沿线新发展起来的城市，而在这些地区中到处都可以看到希腊部落的共同点。

[1]　在古希腊实力达到巅峰之时，希腊拥有众多殖民地，而殖民地内的百姓便称希腊为大希腊，同时也自称为希腊人。——译者注

[2]　迦太基在现在的突尼斯湖东边，以前是腓尼基人的殖民地，之后成为了迦太基帝国的都城，是迦太基文明的中心，千年来都是地中海文明的领导者。——译者注

[3]　西西里位于意大利半岛南边。岛上现存的历史遗迹表明，在12000年前这里就有人类生活了。在公元前750年，腓尼基在此建立了三个殖民点，希腊在此建立了十余个殖民点。之后的6个世纪中，西西里一直在经历西西里之战和布匿之战。——译者注

[4]　撒丁岛是地中海的第二大岛屿，位于法国科西嘉岛对面。——译者注

[5]　伊比利亚是欧洲的第二大半岛，在欧洲西南边。伊比利亚南边就是直布罗陀海峡，它基本被西班牙和葡萄牙平分。——译者注

那些被希腊人所收服的部落的文化、思想、法律、宗教都深受希腊人的影响。从希腊神话体系中，我们便可以深刻地了解到这种亲和政策，甚至可以依照这套神话体系找到一些部落的祖先，比如多洛斯[1]、伊翁[2]、埃俄罗斯[3]等，还可以根据这些部落找到其父亲，包括其爷爷赫楞（Hellen）[4]。但是这些神话人物各有形态，很多神都有各自的关系。那些以神之后裔自称的民族自然是相信这一神话体系的，不过各个部落和民族在追本溯源的时候总会有一些分歧。我们可以从他们的传统来分析，"希腊人"的本义其实是指光和日之子，达达尼尔海峡（Dardanelles）是他们开疆拓土的通道，这些人称呼自己为"希腊人"，同时将其西边的邻邦称作灰色人、暮色人，或者叫他们葛莱伊人[5]、葛莱西人、希腊人。西边的这些部落是最早接触到罗马人的，所以整个民族便被统称为希腊了。

以前的地理学家们为了减少麻烦，便把位于坎伯尼群山和伯罗奔尼撒半岛的南边海岸的国家说成是大陆希腊，又把那些分散四处的希腊居民也当作希腊的一部分。几乎没有人会用希腊这个名词来表示城

---

[1] 希腊神话中的一位英雄，多里安族的先祖。——译者注

[2] 希腊神话中的一位英雄，爱奥尼亚部落的先祖。——译者注

[3] 在希腊神话中，埃俄利亚族的先祖。——译者注

[4] 赫楞代表着拥有希腊血统的人，在希腊神话中，他是希腊人的先祖，所以也可以叫希腊人为赫楞。——译者注

[5] 代表的是老妇人、女巫、灰色人，共用同一只眼睛和一颗牙齿的灰色三姐妹也叫葛莱伊。——译者注

市，不过大家也许都没想到地理学家们会把这个国家早期的时候在欧洲的家园称作绵延不绝的大陆希腊，主要是由于这里的地理特征和希腊人的性格、历史紧密相关。在广阔的土地上，希腊人于此处定居生活，在此期间他们从未越过爱尔兰，而这片大地也只属于他们。

　　在希腊的东北一带，沛尼厄斯[1]河从坦培河谷流过，这个河谷十分有名，因为它隔开了奥萨山和奥林匹斯山，沛尼厄斯河流经坎伯尼群山，塞萨利平原上的溪流也都汇聚于此，然后向东流去。海拔约10000英尺[2]的奥林匹斯山北边保护着绵延不绝的品都斯山，又和坎伯尼山脉相接，并且还是呈一个直角，如此一来西边的地理优势更加明显了。蒂姆菲拉斯托斯山与奥西里斯山都是自品都斯山往东而去，绵延到了位于马里安与帕格塞亚海湾间的遥远地带，守住了南方；皮立翁山和奥萨山同帕格塞亚海湾相接，塞萨利山的东城门便发挥了作用；奥萨山东边是迈格尼夏狭长地区，海岸蜿蜒，风暴不歇，重击波斯王的舰队。蒂姆菲拉斯托斯山与奥西里斯山形成的关口把塞萨利山和斯波奇厄斯河谷分开，于是河谷南边就被耶特山封锁了。耶特山与马里安海湾相接，两者之间只有一条狭窄的通道可以去往瑟莫皮莱。耶特山的西南边和科林斯海湾的北边基本是一片荒山，于是便有了艾托利亚和阿卡南部落的要塞；其东南边群山绵延，比如帕纳索斯山、海利考山、基塞隆山等都在此处；其北边是福基斯的漫漫荒野；其南边便是彼奥提亚，

---

[1]　也叫作塞兰布里亚。——作者注

[2]　1英尺＝0.3048米。

一片良田沃土。

帕尼斯山以东是前往费勒[1]的关口。从科林斯海湾东边绵延至拉姆纳斯的基塞隆山是阿提卡北边的屏障，也是马拉松平原的背景，其西南面有艾吉普兰科特斯山和吉兰尼亚山，它们的山脊相接，成为了科林斯的脊梁。连接它们的则是阿克罗柯林斯山，周围的山脉也因此更加复杂，像迷宫一样。这些山峰从科林斯海湾的西面绵延到艾托利亚高原，为伯罗奔尼撒中心地带竖起了最强屏障。这里还有一个著名的古迹，那就是亚加亚（Achaea）[2]。在山峰南边，忒吉特斯山把伯罗奔尼撒南边一分为二，此山山势陡峭，绵延至泰纳罗斯海角。山峰东面 30 英里[3]外之处有一条呈直线的山脊，它和海岸之间有一条狭长通道，和塞萨利山东边的迈格尼夏比较像，一直延伸到让人望而却步的迈里埃海角，之后便出现在了基西拉岛，而它同时也是克里特岛沿线群山的主山脉。

希腊境内多数都是灰色的石灰岩，可以用作农耕的土地不到二分之一，即使是在最适合耕种的季节里，许多地区的田地也是闲置荒废的。很多山区土地贫瘠，少有植被，当地居民只能以放牧为生，地势较低的地区，在夏季之时基本没有降雨。绵延不绝的山峰成为了希腊各地区百姓交流的最大阻碍，即使希腊境内多河流，但也没能使交流

---

[1] 费勒位于古希腊帕尼斯山以东一带，是军事要地。——译者注

[2] 古希腊四大部落之一，位于伯罗奔尼撒半岛东面。——译者注

[3] 1 英里 =1.6093 公里。

变得更加通畅。这是因为河流在冬季之时汹涌澎湃，夏季之时又近乎枯竭。希腊的各部落既不是愚昧未开化的蛮族，也不是色雷斯或伊庇鲁斯那种处于蛮荒和文明之间的部落。其实改变希腊的还是其地理环境，首先希腊周边皆有海洋，其次希腊面积虽然较小，还不如葡萄牙大，但它的海岸线极长，是葡萄牙和西班牙两国海岸线长度的总和。面积连 1500 平方英里 [1] 都不到的尤碧椰岛，其海岸线长度却有 300 英里，是洛克里斯、彼奥提亚与阿提卡的海岸线长度之和。至关重要的是一条宽约 3 英里半的平分萨罗尼克海湾的科林斯水域的地峡，如此一来，商人和旅行之人便可以通过巴拿马地峡（Isthmus of Panama）[2] 进行运输了，这比绕合恩角（Cape Horn）[3] 航行方便许多。阿提卡其实是一座岛屿，地理位置极佳，四面环海，可以驾驶船去任意方向，雅典人便将欧里珀斯海峡所有来往要道封锁了。

在波斯之战发生前，希腊一些部落占尽了地理优势，不过我们现在应该将重点放在同这场大战紧密相关的部落上。在大战之中占据着最为重要的地理位置的一方若是处于弱势的话，那么他们所面对的将是一场腥风血雨，塞萨利人便是如此。

塞萨利人生活之地是希腊南边侵略者一定会经过的地方。这片平

---

[1]　1 平方英里 =2.5899 平方公里。

[2]　巴拿马地峡处于加勒比海和太平洋之间，是在 280 万年前出现的，它连接着北美和南美，拥有重要的军事地位。——译者注

[3]　合恩角在智利以南，是南美洲的最南边，在这里可以看到南极洲。此处常有风暴，温度较低，其航道环境恶劣，大家都称其为"海上坟墓"。——译者注

原靠着沛尼厄斯河的浇灌拥有了广阔的良田沃土，而塞萨利人便是这里的主人，这片土地给他们带来了丰厚的收益，浩荡的马群、丰盛的宴会、奢靡的生活都是塞萨利贵族唾手可得的东西。这些贵族以劳动之名强迫土著居民为其服务，地主之间为了争夺资源也是明争暗斗。塞萨利的领导者和不列颠之间的关系就像拉斯·波西那[1]和伊特拉斯坎氏族（Etruscan）[2]那样，不过在这些斗争中很难诞生出那样的霸主。也就是说塞萨利的总体情况和巴尔干半岛上色雷斯部落相似，若能团结一致便所向披靡，若是分裂而治则一事无成。

其实彼奥提亚人在历史上的地位是远高于塞萨利人的，因为彼奥提亚人在史前便已经拥有了自己的治国理念——自帕纳索斯山底到尤碧椰海，从洛克里斯平原至科林斯海湾，全国都是各联盟的财富，绝不可分割。其中底比斯（Thebes）[3]是当之无愧的彼奥提亚联邦模范。各城市结盟，诸多事物皆交给彼奥提亚政务会每年推选出的地方治安官处理，而这些手握一方大权的治安官就像塞萨利贵族那样，毫不关心百姓民生。由此也不难理解彼奥提亚人在波斯之战中的一些行为了。

我们现在再来看一看历史早期的伯罗奔尼撒，便不难发现当时占据

---

[1] 拉斯·波西那是伊特巴斯卡之主，同罗马开战，并一战成名。关于他在位时期的记载接近于无，根据罗马人的文献可以知道，这次战争发生在公元前 508 年，最终罗马败下阵来。——译者注

[2] 古意大利城邦国家，创造了伊特拉斯坎文明。——译者注

[3] 底比斯是古希腊彼奥提亚地区最大的一个城市，也是彼奥提亚联邦的领导者。在薛西斯一世攻打希腊的时候，底比斯站在了反抗阵营中。——译者注

天时地利的是斯巴达。伯罗奔尼撒半岛的整个南部地区几乎都归斯巴达，西边的迈锡尼（Mycenae）[1] 也尽归斯巴达所有，阿尔戈斯（Argos）[2] 城一点儿土地都没占到。阿尔戈斯在和薛西斯一世（Xerxes I）[3] 交战中态度冷漠，也无法掌控伯罗奔尼撒和其他地方。阿尔戈斯在霸占了一个和迈格尼夏相似的狭长通道后，便走向了下坡路。这个通道自提里亚一直延伸到梅林海角，索纳克斯和扎勒克斯交会的山脊也把它和厄洛塔斯山谷分开了。不管是在什么地方，战争的胜利都在偏向斯巴达，阿尔戈斯的实力已经完全不如它了。这两次战争完全能将迈锡尼变成一片废墟。侵略者开始将战线推向东西两边的海岸，收服了多里安 [4] 部落，成为了希腊霸主。这在某些方面还有利于推广适用于大众的法律。

斯巴达的出现就相当于英国的征服者威廉（William）[5] 及其所创

[1] 位于伯罗奔尼撒半岛西部。在公元前 1900 年前后，迈锡尼人在此生活，并且在公元前 6 世纪前期慢慢建成奴隶制城邦国家，创建了迈锡尼文明。——译者注

[2] 位于伯罗奔尼撒半岛东部，是这里最大的城市。也是世界上历史最为悠久并且一直都有百姓定居的地方。——译者注

[3] 薛西斯一世（公元前 519 年—公元前 465 年）：波斯阿契美尼德王朝的第四位君主，其父为大流士一世，其母为居鲁士二世之女。他在希波之战中率军攻打希腊、侵略雅典，最终败北于萨拉米海之战。其晚年沉迷于声色享乐中，在宫廷政变中身亡。——译者注

[4] 多里安是希腊前期最为重要的部落之一，定居于地中海东边的克里特岛。——译者注

[5] 威廉是诺曼王朝的开国之君，后世称其为英格兰国王威廉一世。他原来是法国诺曼底公爵。1066 年，益格鲁 - 撒克逊王朝之主去世，威廉远渡重洋进入英国，自称为"征服者威廉"，他也是欧洲中世纪时期影响力最大的国王之一。——译者注

建的诺曼王朝（Norman dynasty）[1]，只不过威廉无法完全驾驭他的手下。在斯巴达这边，人们无法拥有自由或自主的家庭生活，因为斯巴达一直处于战时状态，任何时候都能出兵攻打其他地方。所以斯巴达人只能在公共食堂内用餐，并且他们所吃的食物都有极为严苛的规定，而在食物的数量上，为了弥补要上缴的公共食堂份额，他们的人均份额每年都会被剥削。斯巴达这种如苦行僧般的日子被很多人当作多里安式（Doric order）[2]的典范。可是斯巴达人并不想要这种夸赞，因为哪怕是在最先出现多里安式的生活体制的克里特岛，也没有他们这样变态的管理。斯巴达也因此成为了"十字军"骑士的阵地，整个国家被迫与奢侈、艺术、优雅、哲学等为敌。

这个神奇的民族的统治者一直都是封闭的寡头集团，而此集团的领导者也是空有领导之名而已。一般都是两位君主一起管理集团，并且他们都觉得自己是英雄赫拉克勒斯的后人，是英雄阿里斯托达莫斯[3]的双生子。若是可以用嫉妒之心和敌对之意来证明血统的话，那么这两位君主对自己的血统认知一定是正确的。不过对于两位君主间的明争暗斗，斯巴达人还是乐见其成的，因为这可以防止某一方以武力夺权，

---

[1]　威廉所创建的王朝，在 1066 年到 1154 年间掌管英国，历经四位君主，对欧洲的政治、文化、军事都有影响。——译者注

[2]　这是古希腊时期多里安部落群体的一种社会组织结构和生活方式，主要是推崇朴素节俭的生活。——译者注

[3]　他是希腊神话中赫拉克勒斯的后人，智勇双全，带领伯罗奔尼撒半岛上的人们进行了反迈锡尼的抗争。——译者注

进行独裁。可以约束君主手中大权的人也是这种想法。

　　由二十八位男性长者所组成的政务会受君王委托起草章程，之后会将其提交到公民大会上，而公民大会，定期在露天场所举办，大家可以在会上对此章程进行投票表决。除此之外，还有一个执行委员会，其成员是由所有斯巴达居民所选出的五名监察官，拥有着极大的掌管权。两位君主将在每月进行交换誓言，按照一定的法律管理国家，五位监察官也会誓死守护君王威严。在前期的时候，君王是可以依照自己的想法对外开战的，不过后来这便是由监察官所决定了。当君王御驾亲征的时候，会有两名监察官随行，他们表面上是辅佐君王、保护其威严，但实际则是对君王进行约束。

　　在斯巴达境内，斯巴希泰人、柏里伊赛人 [1]、希洛人（Helot）[2] 等三个群体等级分明。斯巴希泰人是最高等级，其地位和塞萨利贵族或封建地主差不多，都是依靠土地生活，自认为比农业、手工业的从业者高一级。其实这三类人都有沟通往来，不过在参战之后其身份地位都是一样的，被统称为"霍米米"[3]。可是当他们犯罪之后，其处罚就大不相同，若是没有定期向公共食堂缴纳粮食税的话，那么这个人将

---

　　[1]　柏里伊赛人又被称作"邻居"，他们生活在斯巴达的自治区，是二等公民，但没有公民权和投票权。——译者注

　　[2]　希洛人是斯巴达的三等公民，也是社会地位最低的一类人，被叫作"黑劳士阶层"。他们没有任何公民权，只能农作、纳税。——译者注

　　[3]　在战时，斯巴达军队内部没有等级制度，所有士兵都叫"霍米米"。——译者注

会被夺去公民权。被处以这种惩罚的人一般都是那些既没有家产又没有土地的人，也就是希波米安尼斯人[1]和"低等人"。这和之后在美洲联盟中所建立的奴隶制大同小异，那时奴隶也将为"刁钻的白人"所驱使。于是这些等级较低的人就被分到了第二或第三等级，其地位和柏里伊赛人或是希洛人差不多。第二和第三等级的人们在多里安人的侵略下虽然慢慢失去了统治权，但得到了自由。和柏里伊赛人相比，曾经是这片大地之祖的希洛人更加倒霉，因为他们的等级是最低的，任何人都可以奴役他们。其实他们并非属于个人，而是属于国家，也就是说他们在任何时候都可能被派到军队当中服兵役，偶尔他们会到重装军队，不过大多时候还是去做了步兵。柏里伊赛人依靠商业赚到了大笔财富，不过斯巴达人看不上他们这种行为，而希洛人则是靠着耕种和繁殖人口来养兵蓄锐。于是乎，在斯巴达生存的低等公民便成了这个国家最大的隐患。

在当时那种社会环境下，统治者自然不能高枕无忧。斯巴达人其实是害怕这些低等公民的，因此监察官可以不用经过审讯便判处柏里伊赛人死刑。有传言称，一旦希洛人威胁到其主人的利益时，便会有一大群希洛人消失。一个名为柯锐波提的警察机构会聘请年轻的公民在拉科尼亚境内进行监察。由于斯巴达的地理环境的影响，当时的城市是由四个村庄所形成的，并没有建筑围墙，城市中的各种制度皆是

---

[1] 希波米安尼斯人的土地基本是从贵族和地主手中租过来的，自己没钱没地，是斯巴达社会的低级群体。——译者注

根据老旧的村庄制度制定执行的，但防御效果极佳。也许斯巴达的宪法有很多不足，但是它能够实现其根本目的，并且对希腊的权威发起挑战。

由于斯巴达周围山势的影响，斯巴达在进行城市建设时只留了厄洛塔斯和依洛斯这两个出山口。所以斯巴达也无法建筑城墙。从另一个角度来看，不建造围墙可以有助于斯巴达人维持军事训练。要知道斯巴达军队的军规纪律比希腊的每个城邦都严格许多，斯巴达军人的绝对服从使得他们的军事训练趋于完美。在这套军事体制的锻炼下，公民的智慧得到了大幅度提升，因此，基本上任何灾难都不能成为斯巴达军队的阻碍。

在双方交战时，雅典军队跟乌合之众一样，其元帅又不善于军事管理。反观斯巴达军队，他们不在乎社会和政治上的差异，将公民们分成几个小组，并且分配好了小组任务。在这些条件的影响下，斯巴达在早期时候自然会是伯罗奔尼撒半岛实力最强的国家，被当作希腊的政治共同体领袖也是意料之中的事。斯巴达的实力一骑绝尘，希腊的其他部落只能对其马首是瞻，同时斯巴达也成了不结盟也不妥协的社会和其他社会之间的纽带。

在对艺术的态度上，斯巴达人也是极为坦诚。当时世界最灿烂、堪称奇迹的雅典艺术还没有产生，希腊在意大利西西里和非洲所建立起的殖民地，要么是走向巅峰，要么是近乎衰败，要么就是成为了一片废墟。这可能是一种预示，告诉人们波斯之战便是希腊走向衰败的过程。对于后世来说，富可敌国的财富、举世无双的繁华都只是一个虚名而已，人们并不会对几个孤立社会产生兴趣，也不会从中得到启示，这对于现在的人来说没有任何借鉴意义。但在面对希腊殖民者的魄力和经历时，没有人会不发出叹服之声。他们将地中海变成了内海，将那些不毛之地变成了热闹都市，他们为城市艺术创造了华丽之风，将城市文明推向风雅无双。可惜他们经常没有自制力，不能让政治成熟起来。

关于希腊人和波斯人之间的冲突，最突出的一点就是在希腊的巅峰时期，雅典只能衬托别的城市。若非他们在斯特里蒙河北边的安菲波利斯（Amphipolis）[1] 建立了一两个殖民地的话，世人只怕是早就忘了这个城市了。在殖民大赛中，不管是在意大利、西西里，还是在色雷斯或是普罗庞蒂斯海岸，雅典都比不过乔基斯[2]、科林斯、埃雷特里亚（Eretria）[3] 和迈加拉（Megara）[4]。不过雅典也许是后发制人，当别的殖民城市都在快速地开疆拓土、进入巅峰并耗费完精力后，雅典才开始承担起自己的政治责任。在这段时间内，一直默不作声的雅典为之后那场决定了欧洲历史发展的战争养精蓄锐。虽然殖民地都是独来独往，但他们都创造了极高的价值，得到了大笔财富。其他人发现

[1] 安菲波利斯位于斯特里蒙河之上，是雅典的殖民地。——译者注

[2] 乔基斯位于希腊的尤碧椰岛之上，在著名史诗《伊利亚特》中有对于它的描述。——译者注

[3] 埃雷特里亚位于希腊的尤碧椰岛之上，在公元前 6 世纪到公元前 5 世纪间是希腊极为重要的一个城市，和乔基斯是宿敌。——译者注

[4] 迈加拉位于古希腊的阿提卡地区，是其行政区。——译者注

西西里境内有一片良田，可是因为住在意大利半岛上的人一直对这片土地虎视眈眈，所以这里东南边的资源一直都不是完全属于希腊。这片良田的两边都是山脊，河谷之上是大片森林，甚为壮观。在盛夏之时，野草青青，被雨水冲刷过的泥浆进入到平原之上，在冬季，牛羊群最爱来这里。沃土之上，芳香遍野，酒浓油醇，稻谷清香，使人忽略了附近火山随时都会爆发的事情。然而2500年后，因为火山爆发时的破坏性极强，土地地质因此发生改变，无法在此进行耕种了。所以在这千年的时间里，这里被人遗忘，没有人再想。

这片土地上建立起有序的制度。我们可以推测，在克罗坦、锡巴里斯和迈特庞逊等城邦的巅峰时期，这里也是一片繁华之景。泰勒斯[1]在意大利南方有一个很好的港口，它所建立起的民主制度足以和雅典比肩，甚至超越了希腊的其他殖民者，意大利半岛中心地区也深受其影响，泰勒斯因此得到了"大希腊"的称号。

科林斯不断地在外建立殖民地，这使得科尔基拉岛从风景无限好的岛屿变成了血腥暴力的派系之争的战场。科尔基拉岛以北的海峡将其和大陆隔开，此海峡和欧里珀斯海峡差不多宽，但是一个易守难攻之处。科尔基拉岛面积不大，长不过40英里，宽不过20英里，因此这里不会出现那些面朝大海、背靠敌对部落的沿海殖民者曾遇到的问题。在这座岛屿上，海拔最高之处，也不到3000英尺，而海岛北边的

---

[1]　古希腊城邦国家。——译者注

高地叫作科卢沃岛（Corf）[1]。如今沧海桑田，高地化为平原，岛上大片的橄榄树都是在威尼斯统治时期所种。丰富的物资、飘逸的酒香，让人开始思索——这个殖民地本有机会能够成为希腊最美之地，为什么却成为了希腊最为动荡之处呢？它和雅典结盟后，并没有太多建树，也没有减少暴力，科尔基拉殖民地同科林斯的宗主城市的恩怨纠葛越来越重，所以引发了希腊第一次的海上之战。

在科尔基拉岛对面的陆地上还生活着一些部落，它们之间的某些部落都属于希腊族系，其余的则是被当成了原始野蛮的部落。其实，事情并非这样，对于这种推断，我们应该仔细调查、思考。部落中对于希腊人的态度自然是有接受和反对两派，这也说明有些表示想吸纳社会局限性的理论并不严谨。因为不管是从社会方面，还是从道德层次上来看，这些部落之间并没有太大差距。

希腊境内多高山，所以建设城市的难度极大，村庄社区分散四处，即使彼此之间有所联系，也是微乎其微。在这些部落中，阿卡南人是最具声望的，在凶残的艾托利亚人的衬托下，阿卡南人的老实本分显得更加难能可贵了。北边是大家比较熟悉的南希腊人，他们又被称作伊庇鲁斯人或是大陆人，而在他们之间又有科尼恩人、泰斯普罗提亚人和摩罗西亚人。不过，即使这些部落中的人都觉得彼此有着希腊人的特性，历史学家却并不这么认为。

在地理环境上越往东、北两边而去，地域越广，也有部落定居于此，

---

[1] 又叫作科孚岛。——作者注

而它们彼此之间多少也有些相似，虽然他们自己并没有这种感觉，但事实上他们或多或少都和希腊人的特性有所联系。其中表现最为特别的是色雷斯人、伊利里亚人（Illyrian）[1] 和马其顿人（Macedonians）[2]。这些人各有分支，但都有一个共同点——生活在田野之中，很是排斥政治联盟或是城市生活。由于乡间地势辽阔，多有高山，所以这里对于行兵打仗而言是一个天然阻碍。因此我们也只能说这些人是定居在村庄社区之中的，某些部落甚至不了解什么叫作社会，其行为近乎强盗。一些人若是想离开当地，便直接用子女换钱，或者是做一个雇佣兵去维护希腊那可恶的独裁制度。

其中最野蛮的是伊利里亚人和色雷斯人，他们在身上文上图案，延续着"活人祭祀"的恶习，而这些习俗在希腊境内早就已经被废除了。这两个部落在和平年间并不结盟，在战争期间却顺应潮流，让山中人进入战场，等战争结束后又让他们回来做农活，自己却过着锦衣玉食的生活，当寒冬来临之际，他们便呼呼大睡。这些人打仗的风格和苏格兰高地人（Highlanders）[3] 一样，只知道向敌人横冲直撞，一旦没有成功就急忙向后撤退，其速度堪比进攻时的速度。好在，他们所居

---

[1]　伊利里亚人定居在巴尔干半岛西边，是古代印欧的一个部落。这个称呼是古希腊人所取的。——译者注

[2]　位于古希腊马其顿一带的部落，在希腊北部，由古希腊的马其顿王国所掌控。他们同斯拉夫语系的马其顿部落的起源不同，后者定居在如今的马其顿共和国境内，其祖先是古希腊的佩奥尼亚王朝。——译者注

[3]　苏格兰高地和低地是在中世纪之后慢慢出现的两个文化概念，苏格兰高地由来已久，境内多大山，少人烟。——译者注

住的平原之上拥有着多条河流，从来不会为水源而发愁。

在希罗多德时期，马其顿人并没有侵略海岸周边，不过其收获还是要比友邻多上许多。这些人在传统意义上是代表着非希腊人的，但他们受到的是正宗的希腊人的统治。希罗多德曾经说过一个传言，那就是在很久以前，一位希腊君主本想参加奥林匹亚运动会，但是因为他并非希腊血脉，所以没有参赛资格，这个传言虽然听起来很合理，但并没有任何资料可以证明其真实性。

在经过希罗多德之后的几代君王后，马其顿人会跟上希腊霸主之位，整个世界都将听命于他们。不过在希罗多德眼中，马其顿人并非坎伯尼山北边最让人害怕的民族，因为当时色雷斯已经拥有了成熟的组织体系，一直领先于马其顿。可是，色雷斯人过于冷血无情了，妻儿在他们眼中并不是家人，而是可以用作交易的买卖，他们花钱买妻生子，随后又将其变卖为奴，换取金钱。

被蛮族所霸占的沿海地带里也有一些希腊殖民者，不过率先在此建立起殖民地的不是统治了爱奥尼亚部落的雅典人，也不是带领多里安部落发展的斯巴达人。在这场殖民大赛中，占据上风的是乔基斯与埃雷特里亚城里的尤碧椰部落，根据"乔基迪克"这个名字我们就能推断出乔基斯的第一块殖民地是建立在西西里境内的，因为这个名字所指的是塞尔迈海湾至斯特里蒙海湾的线路的南边地带，而此间最突出的是位于三个半岛最东边的阿克忒山，它又叫阿托斯山，高耸入云，甚为壮观。这座山海拔在 6000 英尺之上，山脊和别的山脉山川相连，人们甚至可以在利姆诺斯岛上看到这座山的山影，而位于这之间的锡索尼亚半岛也是面积辽阔。

在这片地区内，也就是在别的"乔基迪克"城市间，以奥林索斯、托勒奈为首的市区乡镇崛起了。在帕里尼亚半岛颈口的波蒂戴阿是科林斯所建立的殖民地，其东边则是斯特里蒙湾口，而薛西斯一世的战争生涯中的"九条路"[1]则是位于一个小小的乡镇——伊顿尼亚。

在薛西斯一世败北后，雅典便在这里建立起了安菲波利斯殖民地。塞斯托斯镇的艾厄勒斯布罗和拜占庭的迈加拉人都是居住在达达尼尔海峡与普罗庞蒂斯海峡旁，属于欧洲境内，这里之后便成了罗马帝国和土耳其苏丹的首都。

希腊在亚洲大陆的众多城市都建立起了殖民地，其数量也是甚为壮观，这让人不禁由衷地佩服希腊人在亚洲殖民方面获得的成就。可是希腊人的分散四处使得他们开始有了离心的苗头，这对于希腊人来说也是一个潜在的威胁，可是在面对这种威胁时，希腊人并没有想过采取如政治联盟等方式来解决它以稳定国家。西西里和非洲的某些部落已经将希腊人折腾得筋疲力尽了。关于这些部落，我们若是直接将他们定义为蛮族的话，未免有失公允。

在亚洲境内，吕底亚帝国养精蓄锐并且拥有合理的组织分工，这使得他们有足够的能力去反抗希腊的统治，在两方交战后，希腊人迫于无奈只能臣服于吕底亚君王，波斯王也趁机开始反抗希腊人，甚至

---

[1] 在薛西斯一世出征希腊时，曾途经九条路。伊顿尼亚之后是马其顿的行政区。——译者注

还将其变为奴隶。

吕底亚的反抗让亚洲希腊人对殖民独立的设想化为泡影，希腊也因此变成了一个拥有着很多不同部落的国家。而维持各部落间关系的纽带之一便是联姻。

无论这些部落从何处而来，现在他们都生活在一个让希罗多德极为满意的地方，他曾形容这里拥有着最适宜的气候、最肥沃的土地，以及最美丽的风景，这里便是爱奥尼亚。

爱奥尼亚的山谷，精致美丽，很多希腊的亚洲少数族裔便是定居于此。不过，物资丰富的爱奥尼亚还是有且只有一个缺点——没有橄榄油。托勒斯山北边的中部大平原是爱奥尼亚半岛上气温较低的地方，土耳其人对此也是虎视眈眈，可最终他们的贪心和残暴使得这里哀鸿遍野。托勒斯群山分别向北、南、西三个方向延伸，整个国家也因此被切割开来。越靠近大海，山势越低，而山谷之中也多是清澈的河流。

艾达山向达达尼尔海峡峡口的西南方向延伸，保护了南边地区。格朗尼克斯河及其余河流流经此处，最终流向了普罗庞蒂斯海峡和马莫拉海。在东南方，托勒斯山脊和一条山脉相接，然后往西南方向延伸，其山脊基本平行。一些著名的亚洲少数族裔便是定居在这山脊之间的平原地带上，而每一个平原上都有河流经过，其中便有一条河流名为凯克斯。凯克斯流经一个三角洲，此三角洲是由北边的噶洛罗斯山、泰莫斯山和南边的派莱克斯山形成的，最终凯克斯便汇入了艾莱亚提克海湾。赫莫斯峡谷位于派莱克斯山、希波勒斯山以及茂勒斯山之间，在距撒尔迪斯要塞北边不远处进入帕克托勒斯河，最终流进了爱琴海。

奥林匹斯山在麦那东边，盖斯特洛斯河流经奥林匹斯山和迈斯欧吉斯山之间，进入到弗所旁边的海中。曼德洛斯河从迈斯欧吉斯山南边的山坡间流出，向西而去，其地势虽然低于迈格尼夏，但最终会像赫莫斯峡谷那样，转变方向向南而去，进入到曼德洛斯海湾中。从这里往西边去可以看到莱特米安山，那里便如神话中所写，恩底弥翁（Endymion）[1] 正在睡梦之中，月神（Selene）[2] 便静静地看着他。凯克斯、赫莫斯、盖特洛斯以及曼德洛斯这几条河流的河道基本是平行的，它们都是从富饶的平原流过，奔向海洋。在撒尔迪斯古城的废墟上，四处可见与吕底亚王国有关的历史。无论是北边的阿比多斯古城，还是罗德岛对面的海岬，爱琴海中的每一座岛屿、每一个海峡都可以将我们再带入那段古老的历史之中。

哈利卡那索斯是比较重要的一个地区，因为希罗多德便是诞生于此。普拉提亚是麦凯莱山下的海滩上最繁华的一个城市，这里也见证了波斯元帅马多尼奥斯[3] 和其舰队的灭亡。

吕底亚的君王克洛伊索斯带领全国上下，众志成城，誓死要将吕底亚国内孤立的希腊乡村社区全部摧毁，并且赶走国内的希腊人。克

---

[1] 恩底弥翁在希腊神话中，是伊奥林地区的牧羊人，也是月神的心上人。——译者注

[2] 希腊神话中的月神名叫塞勒涅，与之相对应的是罗马神话中的卢娜。——译者注

[3] 在公元前5世纪的希波之战中，马多尼奥斯任波斯大军元帅一职，在普拉提亚之战中身亡。马多尼奥斯虽然是大流士的叔叔，但是他的妻子是大流士的女儿，不过这在当时的社会中是合理的。——译者注

洛伊索斯的第一个目标就是以弗所，紧接着便减少了对别的希腊城市的物资供应。如此一来，吕底亚君王成为了哈吕斯河南边地区的霸主，只有利基人[1]和基利吉亚人[2]生活的地方不归其管辖，因为格勒斯山将吕底亚和他们隔开了。经过这次反抗，吕底亚人改变了自己的命运，可是这样让他们成为了众矢之的，谁都不知道灾难会在何时降临，也不知道它会让亚洲发生怎样的变化。若是希腊人愿意打破其孤立的天性，同英国人结盟的话，那么薛西斯一世也许在染指欧洲大陆前就会被他们的联盟所击退，可惜当时希腊人觉得没有这样做的必要。于是，波斯暴君便接替了克洛伊索斯的位置。

---

[1] 利基位于如今的土耳其境内，属于古代安纳托尼亚地区。我们可以在青铜时期的西泰帝国和古埃及文献中找到关于这里的记载，可见其拥有着漫长的历史。在希波之战中，利基人支持波斯。——译者注

[2] 基利吉亚位于如今的土耳其境内，在小亚细亚南边，以前是一个独立的政治实体。——译者注

03　波斯帝国及其统治者

大家对波斯君主制的创造者身份众说纷纭，其中希罗多德的说法最为可信，他认为居鲁士二世是米底亚国王阿斯提阿格斯（Astyages）[1]的外孙。关于居鲁士二世的身份，还有一段广为人知的传说：居鲁士二世曾被预言为不祥之子，在预言中，他将挖掘祖坟，使他的外公阿斯提阿格斯不得安宁。阿斯提阿格斯对这个预言深信不疑，立即召来哈尔帕哥斯（Harpagus）[2]，命令他把刚出生的居鲁士二世交给他，让这个孩子永远陷入沉睡。哈尔帕哥斯的妻子不忍让这个孩子重回天

---

[1]　阿斯提阿格斯是米底亚最后一位国王，他在位的35年间，米底亚在他的率领下十分强盛。他和吕底亚国王克洛伊索斯、巴比伦国王尼布甲尼撒二世结盟，而这两位国王恰好是他的姐夫。值得一提的是，巴比伦空中花园就是尼布甲尼撒二世为王后建立的。——译者注

[2]　哈尔帕哥斯是阿斯提阿格斯麾下的将军，在帕萨格达战役中叛变，投靠居鲁士二世，也是辅佐居鲁士二世上位的重要人物。——译者注

堂，劝说丈夫勿造杀孽。哈尔帕哥斯凝视着襁褓中羸弱的生命，仿佛自己是一个用镰刀抵住这可怜婴儿脖颈的死神，随时都能收割这个可怜小孩的头颅。终于，死神败给了仁慈，他听从妻子的劝解，把婴儿交给丧子的神父抚养，居鲁士二世就这么阴差阳错地成了神父之子。

数年后，长大的男孩儿和同村的朋友一起玩角色扮演，无巧不成书，男孩儿抽到了国王。或许是王族的血液带来的与生俱来的王者气息，男孩扮演的国王深入人心，越来越多的观众拿他和在位的阿斯提阿格斯相比，一致认为这个男孩更有王者风范。男孩的名声传到国王的耳中，他的身份也随着深入调查而浮出水面。

得知本该早已成冤魂的男孩不仅好好活着，还拥有民众呼声的国王又惊又怒，于是他把怒火发泄在了哈尔帕哥斯的身上。国王把哈尔帕哥斯的儿子做成菜，并设宴邀请哈尔帕哥斯。此时居鲁士二世被村童选举为国王的事使若干年前的预言不攻自破，国王也慢慢放下心来。但遭受丧子之痛与食子之辱的哈尔帕哥斯决定让那个预言实现，于是他鼓动居鲁士二世造反。居鲁士二世召集深受剥削的村民揭竿而起，很快，他们推翻了阿斯提阿格斯，簇拥居鲁士二世登上王座。

米底亚的宪政和混乱的氏族治理与受限的地域空间息息相关。有传言道，米底亚的第一任国王迪奥塞斯（Deioces）[1] 从一开始就打着专制制度的主意，比如，只有拥待他的人民才能享受法律的保护。即使做法失之偏颇，迪奥塞斯也依旧获得一个良好的名声，但他的野心

[1] 迪奥塞斯，是米底亚第一任国王，在位约53年。——译者注

远不止于此，他很快为自己找了一个借口，以不能没有报酬地承担税负，从自己打造的制度牢笼脱身。迪奥塞斯的自私狡猾深深地藏在了正义的面具下，顺利骗过米底亚的七个部落，成为米底亚的第一任国王。

晋升为国王后，迪奥塞斯马不停蹄地命令工人们为他建造一座有七重城墙的宫殿，宫殿由层层守卫把守，迪奥塞斯的寝殿就位于中央。有了重重保护的迪奥塞斯，终于卸下了面具，他不用再伪装和善，在这重重保护的宫闱下，他可以肆无忌惮地暴露残忍暴虐的本性。他许诺让七个部落独立，但前提是与尼尼微的亚述国王为敌。与其说米底亚的专制制度灵感来源是东方君主制，不如说更像是脱胎于希腊制度。迪奥塞斯戴上伪善的面具，戏弄司法，登上王座后，毫不犹豫地为自己建造劳民伤财的城堡。残酷的剥削与暴虐的施政手段，让百姓怨声载道，一时间民声鼎沸，而这些怨愤，被隔绝在重重宫闱之外。

不过依照希罗多德看，任凭迪奥塞斯在宫墙内翻云覆雨，对尼尼微影响也不大。迪奥塞斯后代基亚克萨雷斯重拾父辈的仇怨，进攻尼尼微，但因国家被塞西亚人入侵而不得不停止，正因如此，失败的塞西亚人成为米底亚国王的出气筒，每年都必须缴纳大量的金钱，一旦拖欠，就会遭受严厉的惩罚。作为吕底亚的统治者，阿律阿铁斯二世收留了许多逃亡的难民。由于阿律阿铁斯二世拒绝归降塞西亚人，于是开启了长达六年之久的战争，为尽早结束这场灾难，巴比伦国王基里吉亚首领进行调停。

自古以来，联姻都是稳固两国关系的重要手段，于是他们提出让米底亚国王继承者阿斯提阿格斯与阿律阿铁斯二世（Alyattes Ⅱ）[1]的女儿联姻，以维护两国关系。巴比伦国王那波帕拉萨尔（Nabopolassar）[2]的儿子尼布甲尼撒二世（Nebuchadnezzar Ⅱ）[3]与基亚克萨雷斯女儿的联姻就是一个很好的例子，牺牲婚姻换取两国之间稳固的关系，对于政治家来说是一笔很合算的买卖。这样，克洛伊索斯、阿斯提阿格斯、居鲁士二世形成了稳固的三角链关系，然而这条锁链在居鲁士二世推翻阿斯提阿格斯后分崩离析。依希罗多德看，为内兄报仇并不会给尼布甲尼撒二世带来太大的麻烦，与之相反，克洛伊索斯清点兵力，看看是否能够与波斯对抗。最终，亚述王朝被推翻，尼尼微沦为吕底亚的附庸国。

朝代的更迭并没有让米底亚人的生活发生翻天覆地的改变，米底亚依旧是第二大帝国，并且与希腊的关系纠缠至今。希腊人也习惯称呼他们为米底亚人而非波斯人，这也导致站在这群侵略者立场的米底亚人，被打上"米底亚同族人"的标签。埃克巴塔纳也被保留下来，它依旧是波斯王的宫殿。

居鲁士二世就这样牢牢抓住了亚洲最高权柄，不过与他权力不匹配的是，他的主要力量依旧集中在法尔斯这样一个崎岖贫瘠的小国家。

---

[1] 阿律阿铁斯二世，吕底亚第四任国王，其子克洛伊索斯与居鲁士二世交战，战败被波斯吞灭。——译者注

[2] 那波帕拉萨尔，古巴比伦国王，对摧毁新亚述起到了重要作用。——译者注

[3] 尼布甲尼撒二世，新巴比伦第二任国王，在位期间缔造巴比伦王国的盛世。——译者注

这里连绵的高原是隔绝法尔斯与美索不达米亚平原的天然屏障，高原向东延伸且不断变宽，这就形成了波斯高原。

如今的荒芜之地在居鲁士二世时期却是青山绿水的宝藏之地。为防止劳动力流失，居鲁士二世曾宣布，若子民想移居到更富饶的地方，那么米底亚子民的身份将被永远剥夺。这里崇山峻岭，地势险峻，想要移民又谈何容易，不仅移民不易，因地势原因，这个国家也只有零散的城市。

以锡拉兹[1]为原点，向北出发60英里，就是帕萨格达[2]的遗址。波斯波利斯（Persepolis）[3]坐落在锡拉兹与帕萨格达之间的草原上，这里山清水秀，虽然这里依然有贫瘠的高原，但比起海拔三五千英尺的山区，已算得上是良田沃土。这片土地东接萨里曼山和哈拉山，南临大海，西北与扎格罗斯和埃尔布鲁兹相接。这片国土中，有大部分土地是沙漠，好不容易存活下来的河流，一到夏天就会断流。在这样严苛环境下生存的牧民们，对被绿草流水环绕的埃克巴塔纳心向往之，他们举家迁移，前往心中的圣地。

吕底亚国王克洛伊索斯夺取本该属于雅利安部落的土地，以扩大

---

[1]　锡拉兹是古波斯的古老城市，法尔斯省的省会，保持千年的贸易中心地位。——译者注

[2]　帕萨格达，古波斯第一帝国的城市，是居鲁士二世在位时的首都，由居鲁士二世主导建设。——译者注

[3]　波斯波利斯，古波斯第一帝国阿契美尼德王朝的城市，极具阿契美尼德王朝的建筑风格，被列入联合国教科文组织世界遗产名录。——译者注

自己国家的版图，但同时，扩张领土也使他被更多人觊觎。事实上，克洛伊索斯与亚洲希腊人之间关系造成的影响，比起挑起阿斯提阿格斯和他的外孙居鲁士二世之间的权力斗争，更多的是制造了那场撒尔迪斯的灾难。在这场灾难中，希腊殖民者丧失了公民的权益，他们不仅需要对吕底亚国王缴纳重税，还必须在吕底亚军队服役。为了实时监控他们，克洛伊索斯下达命令，拆掉这些城市的围墙，但讽刺的是，这些围墙在他们起兵造反时又重新复原。希罗多德认为，比起因波斯而遭受苦难的吕底亚王国，这些希腊殖民者受到的苦难只是九牛一毛。

　　克洛伊索斯向居鲁士二世宣战原因诸多，不仅仅是为了替内兄报仇，也是为了自己的野心与对居鲁士二世的反抗。这些理由看上去毫无关联，甚至使得克洛伊索斯与其戏剧刻画的形象相悖，但在爱琴海吹起战争的号角，也足以证明这位国王的野心。克洛伊索斯的对手也不是软柿子，他在与居鲁士二世的战争中节节败退，总是与胜利失之交臂，可想而知居鲁士二世的实力多么强大。在居鲁士二世看来，单论吕底亚或者米底亚，都不是罗马帝国的对手，一旦两国结盟，就会成为罗马的眼中钉、肉中刺，因为这会威胁罗马的霸权。

　　不可否认的是，若克洛伊索斯能够说服希腊人与他并肩作战，那么他或许可以拥有和这位波斯霸主一战之力。为防止自己的权力被威胁，居鲁士二世竭尽全力挑拨爱奥尼亚人和他们执政者的关系。克洛伊索斯也意识到与希腊人合作是推翻波斯王朝的重要手段，于是他登上爱琴岛，加入这些城市的联盟，还与斯巴达人成为合作伙伴，以此寻求绝地反击的机会。但事与愿违，岛民事不关己的姿态与总是在关键时刻掉链子的斯巴达人让他无法反抗波斯的征服，最终只能对波斯王俯首称臣。这仅仅是这场战争的大致轮廓，一段以吕底亚王国铩羽而归作为终结的笼统历史。

因为有些历史已经无法考究，所以我们已经无法复刻每个细节，没有能力去还原这场战争的原貌。曾有传言道，在战争刚爆发时，克洛伊索斯就收到过警告，这证明我们所了解的这个历史故事只是破碎的片段，而不是一段连串的、完整的链条。克洛伊索斯的败北并不代表他在这场战争中一无所获，而那些把征服米底亚和尼尼微的国王形容为蛮荒之主的流言也十分可笑。更有甚者说是上帝只是让波斯人去对抗吕底亚人，这种说法已经荒唐到匪夷所思的地步，毕竟笼罩在克洛伊索斯心里的阴影，是亚洲波斯帝国的虎视眈眈，而绝非上帝的旨意。

在克洛伊索斯时期，宗教文化的种子在这片土地上播种成长。随着时间的推移，宗教文化的大树已经在当地居民的内心扎根生长，他们甚至把克洛伊索斯的失败归咎于他的信仰。

这位国王的一生如此富有戏剧性。克洛伊索斯本是坐拥金山的霸主，目光所及之处无一不是美景。他的命运与阿喀琉斯如出一辙，刚登上人生的舞台就被巨大的财富簇拥。

克洛伊索斯仿佛是天命之子，深受神的宠爱，源源不断的财富使他富甲天下。他一直以为自己是这个世界上最快乐的人，直到后来他遇见了一位哲学家梭伦，那位哲学家告诫这位年轻的国王说，除非一个人能保证在临死之前也是快乐的，否则将不会有任何一个人能够证明自己是快乐的。这本是一句简单的告诫，没想到一语成谶。不过，尚未被阴霾笼罩的国王依旧强大自信，只有他的小儿子阿蒂斯陷入沉默。

阿蒂斯是一位勇敢英俊的王子，也是克洛伊索斯最疼爱的儿子。然而，阿蒂斯被预言，终有一日，他会被长矛穿胸而过。惊慌失措的克洛伊索斯把所有利器封存，并且让阿蒂斯和一个女孩结婚，希望他能够被女孩的爱感化，从而放弃自杀的念头。正当国王无可奈何之际，一位牧师前来觐见，声称愿意为王子做祷告，清洗王子自杀未遂的罪孽。在牧师做完祷告之际，有人拜见克洛伊索斯，请求派王子帮助他们杀死毁坏土地的野猪。克洛伊索斯任命这位牧师为阿蒂斯的护卫，和阿蒂斯一起去猎杀野猪。

这本应该是一场平平无奇的狩猎，没想到却是一场应验预言的灾难。在预言中，阿蒂斯自杀的长矛叫作阿德拉斯托斯，而这位牧师的姓名正好与长矛同名。这场灾难也给阿德拉斯托斯带来无可言说的痛苦，最终他选择在阿蒂斯坟墓旁自杀。克洛伊索斯只能无奈地接受这个结局，并逐渐相信命运，认为无论怎样反抗，最终敌不过命运的大手，只能向其妥协。也正因如此，阿斯提阿格斯慢慢相信神谕的存在，并且决定去检验那些他所质疑的预言。

克洛伊索斯得到一个十分令他满意的神谕，这个神谕告诉他，他能够摧毁波斯取而代之。然而克洛伊索斯并没有盲目听信，他接着问，那他的帝国能够延续多久，得到的答案是，若米底亚存在顽固的人执政，那么他就应该尽快逃离，不能留恋。两个神谕加在一起，让克洛伊索斯十分自信，他认为米底亚的执政党不可能是残酷的暴君，这就说明他若对波斯宣战，便会是十拿九稳的胜局。于是他率领军队渡过了哈吕斯河，与居鲁士二世的军队交战，战斗打得难解难分，胜局未定。无奈之下，克洛伊索斯只能在撒尔迪斯解散军队，命令他们在明年重整旗鼓，一举得胜。然而事与愿违，居鲁士二世知道了克洛伊索斯的动机，于是他改变了行军策略，为的就是能够在克洛伊索斯解散军队的时候到达撒尔迪斯。

年轻气盛的克洛伊索斯仗着有吕底亚的军队做保障，贸然对抗居鲁士二世，但他万万没有想到，居鲁士二世让骆驼出战，使得克洛伊索斯军队的战马受到惊吓，导致战马载着骑兵逃离战场。战况变得十分混乱，克洛伊索斯也被擒获下马，他被波斯人套上锁链，绑到一大堆木柴上，用火刑的方式庆祝他们的胜利，同时他们也想知道，天神是否会拯救这位忠实的信徒。

被架在木柴上的克洛伊索斯就像一只待宰的羔羊，他只有用沉默来表达他的痛苦。他回想起自己的一生，再想起梭伦的那一句话，不由悲从心来，命运的戏剧性已经让他无言以对，他已经没有心思在此刻吟诗作对感叹自己的命运，此刻他只能大喊三声梭伦的名字，来表达对命运的服从。

居鲁士二世对他口中的梭伦很感兴趣，他唤来翻译官逼问这个人的由来，在得知梭伦完全不为吕底亚国王的财富所动，以及对这位国王所定义的幸福人生不以为然时，居鲁士二世深受感触，他觉得自己也不过是一个普通人，而此刻他正准备烧死曾和自己类似的普通人。

于是他下令把木柴堆撤下，只可惜为时已晚，木材已经点燃，火烧得正旺。

克洛伊索斯看到居鲁士二世已经没有杀意，就拜托曾经唯他是尊的下属救他，然而昔日的下属却无视克洛伊索思的请求。正当克洛伊索斯绝望之际，突然间，像是天神回应克洛伊索斯这位忠实信徒的哀求，天空顿时乌云密布，不一会儿便下起瓢泼大雨，扑灭烈火。居鲁士二世也为这奇观动容，他觉得他的对手是一个好人，能够让天神眷顾。

居鲁士二世对已经获救的克洛伊索斯问道："为什么你会向我宣战而不是与我交好？"克洛伊索斯回复道："因为我受到希腊神的蛊惑，变得没有理智，一味好战，愚昧的我终究受到了惩罚，白发人送黑发人就是我的报应。"回答完居鲁士二世的问题后，克洛伊索斯反问道："此刻波斯军队正在做些什么呢？"居鲁士二世得意地回答道："此刻当然是在为所欲为地掠夺你的财富，压迫你的人民，抢夺我们的战利品。"着急的克洛伊索斯如同热锅上的蚂蚁，不知要怎么做才能让这位波斯王停止他的暴行，突然间，他心生一计，说道："不对，他们抢夺的并不是我的财物，而是你的财物，因为我和我的臣民遭受这场灾难后已经身无分文。同时你也应该提高警惕，因为抢到财物最多的人，必然会用积累的财富武装来反抗你，所以请你派守卫兵严控每个城门，命令他们拦下所有的战利品，就说这是向宙斯缴纳什一税[1]。"

居鲁士二世十分赞同克洛伊索斯的想法，并且让克洛伊索斯协助他。克洛伊索斯先是祈求将自己的锁铐解开，然后质问居鲁士二世，是否习惯恩将仇报，并且让信使把他的质疑送达德尔斐。德尔斐的祭司收到克洛伊索斯的质疑，给出了这样一份庄重的回答：就算是神，也不能改变命运。

克洛伊索斯是第五代国王，他现在所遭受的苦难是为偿还祖辈的孽。因为他的先祖曾因为一个女人的哀求，而残酷杀害了一个领主，并夺取了他的权力。虽然天神试图将灾难都降临在克洛伊索斯的后代身上，但这也不能使克洛伊索斯能够完全避免命运的惩罚。尽管他在战争中屡战屡败，但在他性命攸关之际，天神还是天降大雨救了他。因此，克洛伊索斯指责神谕是无理取闹的，毕竟神谕的原话是：如果他攻打波斯人，会毁灭一个伟大的帝国。神谕并没有说明这伟大的帝国指的是波斯帝国还是他的国家。而且神谕也表明，如果遇到顽固的人，克洛伊索斯应该选择撤退，居鲁士二世的性格恰恰就很顽固，是克洛伊索斯盲目自信，才导致如今的局面。

克洛伊索斯听完祭司的回复后，终于明白，神的旨意是没有错的，而是自己理解错神的旨意。

---

[1] 什一税是宗教组织给政府十分之一的税金。在古代，教徒们通常用粮食缴纳什一税，而到了现代，人们把粮食换成了现金、支票、股份等，只有犹太人继承这项传统，依然用粮食缴纳什一税。值得一提的是，在犹太《圣经》中有这样一条教规，即必须缴纳什一税，这事关正义、怜悯和忠诚。——译者注

　　克洛伊索斯的故事是宗教核心的缩影，代偿观和神的嫉妒是整个故事的核心观点。代偿观是指毫不考虑代偿者的痛苦，而神的嫉妒是指无法忍受高尚者的幸福。讽刺的是，身为罪魁祸首的祖先可以安乐至死，而他正直的后代，却需要替他偿还罪孽，不得独善其身。这则故事也告诉我们，命运的眷顾不代表是对正义的肯定，创造吕底亚王国的第一任国王加吉士[1]，深受命运之神的眷顾，而他却是一位残暴的君主，与之相反，克洛伊索斯是一位正直的国王，但是他却亲手终结了吕底亚王国，命运之神始终没有站在他这一边。

　　对于这则古老的故事，希罗多德曾评述道，克洛伊索斯正好是吕底亚的第五任国王，是时候偿还前代的罪孽了。希罗多德的这则评述显得非常幼稚，因为在克洛伊索斯失败之前，没有任何人留意到这则神谕的深层含义。

　　撒尔迪斯战争的起因还有另外一个版本，当时克洛伊索斯的姐姐嫁给了米底亚的国王，居鲁士二世作为波斯王冈比西斯二世[2]的父亲，不仅夺取了外祖父的权柄，还将米底亚和波斯都纳入麾下。这让眼里容不得沙子的克洛伊索斯十分愤怒，也成为两国交战的导火线。虽然这几个故事都具有戏剧色彩，但无一例外的是，这两个故事都指向了一个事实，就是波斯帝国通过某种手段将吕底亚收入麾下。

---

　　[1]　加吉士是创造吕底亚莫姆南迪王朝的国王，在位 32 年。他曾经是吕底亚国王身边的保镖，后谋杀国王，成功篡位。——译者注

　　[2]　冈比西斯二世，是居鲁士二世的儿子，是阿契美尼德王朝的国王。他在位期间战胜了埃及法老，把埃及的领土纳为己有。——译者注

　　在克洛伊索斯失败之后，爱奥尼亚人向居鲁士二世投诚，并且愿意缴税，但这被居鲁士二世毫不留情地拒绝，同时他又担忧爱奥尼亚人反抗，便诱使他们拆除防御建筑，并派人到斯巴达求助。斯巴达人本可以对这件事进行冷处理，但出人意料的是，斯巴达派去的军官警告居鲁士二世，不得损毁希腊的任何一座建筑，否则将遭受希腊人民的怒火攻击。居鲁士二世，对此不屑一顾，他返回国家，留下几个信任的手下，继续执行他未完成的计划。然而居鲁士二世留下来的手下都遭到了吕底亚人的反抗。居鲁士二世则负责把抢夺的战利品运回索萨，然而遭到卡利亚人[1]的袭击，又遭到利基亚人的抵抗。传言，利基亚人在杀死自己的妻小后，冲向敌军誓死拼杀，最终没有留下一个活口。

　　虽然很多孤立的国家文明程度较为发达，但依旧逃脱不了被波斯帝国侵吞的命运。居鲁士二世在位期间，将波斯帝国的疆土，从东向南不断扩张。居鲁士二世英勇善战，所过之境皆沦为他的国土，就连古巴比伦（Babylon）帝国的国王都臣服在居鲁士二世的铁骑下。

　　我们将视线从爱奥尼亚转向巴比伦，在此之前，我们必须知道，欧亚帝国之间存在显著差异。希腊的部落权力比较分散，而亚洲实行中央集权制度。作为一个国家，团结就能征服一切，亚洲就是在中央集权制度下创造出了许多辉煌的成绩。在希腊人还没有形成部落的时候，远在亚洲的叙利亚君主就可以随意调遣庞大的军队，建造巨大的城市和巍峨的教堂。宗教的教条深深植入每个信徒的心中，他们以教

---

[1]　卡利亚人，小亚细亚半岛卡利地亚地区的古老部落。——译者注

条规范自己的行为，使之思想都变得局限。

　　亚洲的文明反而是亚洲最大的敌人。亚洲人不懂得反思，容易随波逐流，他们是出于律法而维护制度，而并非出自内心。但亚洲文明并非一无是处，亚洲人善于发现和描述其他国家的地理资源。虽然亚洲的专制制度十分冷酷，但不得不说，亚洲人的确掌握如何治理国家的秘诀。广阔而肥沃的土地是亚洲执政者建立帝国的王牌。他们用尽一切办法开凿运河，为的就是能够让土地变得肥沃，农作物能够发芽。希罗多德认为，托运河的功劳，粮食会在丰收的季节里增产300倍。除此之外，亚洲人还创造了一个更伟大的奇迹，那就是辉煌的巴比伦城。希罗多德看到的是已经被洗劫一空的巴比伦城，即使如此，他也发出壮观的惊叹。

　　我们并不能肯定是居鲁士二世下令袭击的巴比伦城。有传言道，居鲁士二世把进攻巴比伦的计划推迟了一年，因为他要去为心中的白马报仇。那匹白马在过河时，不慎掉入河中淹死，愤怒的居鲁士二世下令，降低这条河的水位线。因为这条河在巴格达市的附近，所以很多人认为居鲁士二世是在为攻打巴比伦城做准备。无论这故事的中间有多曲折，精彩故事的结尾是居鲁士二世通过精心设计，终于使得他的军队从幼发拉底河河床入侵巴比伦城。

　　巴比伦，一座拥有古老历史的城市陷落了。它的遭遇与其他的殖民城市类似，城墙被摧毁，市民被迫纳税。不过值得庆幸的是，居鲁士二世并不像其他入侵者那样屠城，他甚至没有扰民。正如希罗多德所言，侵占巴比伦后，居鲁士二世很快将眼光投向了阿拉克斯河（Araxe）

以东的地盘。在居鲁士二世的影响下，波斯部落的观念与世界不同，他们认为自由就是和平时期不用纳税，战争时候可以随意抢夺。在这种观念的驱使下，他们侵略埃及也就不足为奇。冈比西斯二世继承了父亲居鲁士二世的英勇善战，留下一个又一个的传说。在埃及，人们总爱讲一个脍炙人口的故事：一个英勇善战的国王率领 70 万大军开疆拓土，从赛伊尼的大瀑布到布哈拉[1]，从印度到爱琴海。除此之外，这位国王的战争史还有另外一个版本：他的军队一路烧杀抢夺，血液从埃塞俄比亚流到利比亚，从米底亚流到波斯，从巴克特里亚（Bactria）[2]流到塞西亚。战争会引起连锁的仇恨，甚至影响数代人，他们对居鲁士二世（Cyrus Ⅱ）燃起了无尽的复仇欲望，但是波斯人并不了解埃及人的生活习惯，同时埃及人对赛米拉米斯（Semiramis）[3]女王的征服也闭口不谈。

在其他文明都还在发展的时候，尼罗河谷的居民就在文明方面取得了非凡的成绩。这些文明遗产让希罗多德惊喜不已。不得不说，尼罗河最伟大的作品便是尼罗河谷。因为地形原因，暗礁成为了尼亚加

---

[1]　布哈拉从公元前 6 世纪起就是世界文明中心之一，长期被波斯统治，在 6 世纪后被土耳其统治，10 世纪到 11 世纪是萨曼王朝的首都，现如今坐落在乌兹别克斯坦。——译者注

[2]　巴克特里亚历史上是属于中亚的一个地区，位于兴都库什山脉与帕米尔山脉之间，在天山北部一带。——译者注

[3]　赛米拉米斯是古亚述帝国昂内斯将军的妻子，后来成为尼努斯国王的王后，继承了王位，现在伊拉克、叙利亚、土耳其、伊朗等国新出生的女孩儿流行取名为赛米拉米斯。——译者注

拉河的天然屏障。虽然现在这些悬崖峭壁要高于河床，但古埃及国王们在努比亚（Nubia）[1]的塞姆内留下来的印记可以证明，早在希罗多德造访埃及之前，河流的水位一度高达24英尺。事实上，尼罗河养活了埃及。在尼罗河蔓延的1000英里范围内，这里的土地因为尼罗河而变得肥沃，庄稼的丰收对生活在这里的人们来说不再是白日做梦。埃及除了拥有尼罗河外，还拥有抵御蛮荒入侵的天然屏障——沙漠。沙漠中含有大量的硝酸钾，即使下雨，落在地上的雨水也不能饮用。

当地居民无论是经济发展还是性格塑造，都与尼罗河息息相关。尼罗河流淌数千英里，人和气候有所不同，但环境条件大同小异。只要是尼罗河流淌的地方，都会生出一片茂密盎然的绿色。这里的人们与其他国家没有沟通，在很早的时候就拥有惊人的国力。埃及人的外形特征不像闪米特部落[2]，更像是希腊人，更奇怪的是，他们的生活习惯与贝都因人（Beduin）[3]截然不同。他们纺纱织布，制陶绘画，生活处处流露出优雅的气息。

埃及是一个宗教国家，宗教具有至高无上的权力，同时宗教也具有一系列的教条与规章制度，以约束每一位埃及公民。我们重新把视

---

[1]　努比亚是尼罗河沿岸的一个地区，现如今涵盖埃及南部阿斯旺地区和苏丹中部地区，是古代非洲最早的文明发源地之一。——译者注

[2]　闪米特部落，生活在古代近东地区讲闪语的西亚部落，其中有莱文特、美索不达米亚、阿拉伯半岛、非洲之角等地区，有3000多年的历史。——译者注

[3]　贝都因是生活在北非、阿拉伯半岛、伊拉克、莱文特等地的阿拉伯游牧民族，也被称作沙漠居住者。——译者注

线转回到埃及的艺术与文学创作上，不难看出，埃及的文明离不开这片土地。在埃及，无论是尊贵的法老[1]，还是卑微的奴隶，都会被神裁决。

有传言说，希腊人完全不知道有埃及这个神秘的国家存在，直到爆发马拉松之战。当时的埃及被分割为 12 片土地，每片土地都各自为王。当时流传着这样一则预言，这 12 个王里，有一个可以从火神神殿里的黄铜容器中取出祭奠神明的美酒，这个人会成为埃及整片土地的至尊者。

普萨姆提克一世（Psammitichos I）[2] 最终拔得头筹。当时祭司拿出 11 个黄金杯，分别供给国王们祭祀用，只有普萨姆提克一世国王用自己的铜色头盔取而代之，其他 11 个国王看到这一幕感到非常恐慌，就提议将普萨姆提克一世驱逐。这位国王不慌不忙地躲藏在芦苇丛里，因为他已经从神的旨意中知道，会有穿着铜色铠甲的人来救他。很快，穿着铜色铠甲的人赶来了，他们是来自爱奥尼亚和卡里亚[3]的劫匪，在戴尔特沿岸无恶不作。普萨姆提克一世承诺，只要救他，并且辅佐他成为埃及王，就会给他们一堆好处。普萨姆提克一世凭借这些雇佣兵一举称王，登上王座后，他不仅没有解散雇佣兵，反而将他们提升为

---

[1]　法老是指古埃及王朝的君主。——作者注

[2]　普萨姆提克一世，是古埃及第二十六王朝的三位法老之一。——译者注

[3]　卡里亚，古希腊语为 Καρία，是古代时期安纳托利亚西南部的卡里亚地区。——译者注

常备军，并且安排在波拜斯提城[1]附近一个叫坎普斯的地方。

　　有传言说，在普萨姆提克一世在位时期，有一群米利都人[2]把尼罗河坎诺皮克河口东岸的一个港口占为己有，并且在那里修建城市，这座城市后来被命名为诺克拉提斯[3]，成为埃及和欧洲的贸易中心。

　　尼科二世[4]为将犹达阿[5]和腓尼基（Phoenicia）[6]收入囊中，就必须与比自己更强大的人为敌。传言道，当米底亚国王基亚克萨雷斯（Cyaxares）攻下尼尼微城的时候，巴比伦君主尼布甲尼撒二世（Nebuchadnezzar Ⅱ）宣称，已将西奈沙漠以北的领土都归入囊中。

　　身为犹太国王，尼科二世在巴勒斯坦的战役如鱼得水。约西亚[7]在迈多伦[8]遭到重创，不得已将耶路撒冷（Jerusalem）[9]拱手让给侵略者。

---

　　[1]　波拜斯提是一座坐落在埃及戴尔特地区的古埃及城市，是著名的朝圣地。《圣经》提到过这座古城。——译者注

　　[2]　米利都人，是小亚细亚半岛上古希腊城市米利都的居民，现如今生活在土耳其境内。——译者注

　　[3]　诺克拉提斯是一座古埃及城市，它坐落在尼罗河支流坎诺佩沿岸，是希腊在埃及的第一个殖民地，所以融合了埃及与希腊的特征。——译者注

　　[4]　犹太历史学家称他为尼科法老。——译者注

　　[5]　犹达阿，在以色列和约旦河西岸一带。——译者注

　　[6]　腓尼基是地中海东岸闪族海洋文明古国，如今的黎巴嫩沿海、以色列北部、叙利亚南部和地中海的阿瓦尔德岛都属于腓尼基。——译者注

　　[7]　约西亚是公元前7世纪的犹太国王，他8岁登基，据希伯来的《圣经》记载，他进行了一系列的宗教改革。《旧约圣经》就是在他的主持下编撰的。——译者注

　　[8]　迈多伦还有另外一个名字是迈奇多，是中东最古老的居住地，在公元前7000年被建造，是通向古埃及的重要关口。——译者注

　　[9]　也被希罗多德称作凯迪提斯。——作者注

风水轮流转，尼科二世在柯凯逊[1]战场遭遇滑铁卢，败在尼布甲尼撒二世的手下。

后来尼科二世的儿子统治王国一段时间后，把王位传给了阿普里伊（Apries）。阿普里伊是普萨姆提克一世最后的继承人。阿普里伊在犹太人所著的《列王记》中，以霍夫勒的形象出现，他想通过征服希腊殖民地巴卡和卡勒那两地来提高威望，结果失败。高层怀疑这是阿普里伊的阴谋，心生反叛之意，阿玛西斯（Amasis）是第一个站出来反对阿普里伊执政的人，他被拥戴为埃及王，为埃及争取了一段相当长的和平时期。因为阿玛西斯登上王座受到希腊军队的帮助，所以他对希腊人较为亲近。他不仅与希腊人结婚，还将萨摩斯（Samos）[2]暴君波利克雷蒂斯[3]发展为战略伙伴。

埃及，这个拥有神秘色彩的富饶国家，是时候面对虎视眈眈的波斯了。如果阿玛西斯在世，那么这场战争的结局可能会被改写。不幸的是在波斯入侵前几个月，阿玛西斯驾鹤而归，他的儿子普萨姆提克二世并没有继承他的才华与勇气。与之相反的是，居鲁士二世的儿子

---

[1] 卡克米什。——作者注

[2] 萨摩斯是位于希腊的岛屿，它坐落在东爱琴海，在历史上是一个富饶强盛的国家，以葡萄酒闻名世界。——作者注

[3] 波利克雷蒂斯，是公元前538年至公元前522年萨摩斯城邦国家的君主，他蛮横残暴，在他两位哥哥的帮助下成功登上王座。但他成为国王后，他的两位哥哥逃脱不了一个被杀，一个被流放的悲惨命运。虽然做尽腌臜事，但这位国王仍然建立了强大的海军，成为希腊的海上霸主。希罗多德认为，波利克雷蒂斯国王是古希腊最早拥有海上霸权意识的国王。——译者注

冈比西斯二世继承了父亲的英勇善战，率领军队一路凯旋高歌，很快埃及被冈比西斯二世的舰队包围起来。一位信使乘坐一艘希腊船给埃及人送信，要求孟斐斯投降，然而船只却被埃及人扣下，信使被埃及人残忍杀害。俗话说，两国交战不斩来使，埃及人的行为引起冈比西斯二世的愤怒，他无视埃及人的抵抗，一举拿下孟斐斯。

根据希罗多德的说法，波斯的领土在冈比西斯二世的统治下扩张到了极致，波斯王主宰的地域从巴克特里亚延伸到尼罗河。冈比西斯二世贪婪、暴虐，他必将会被开疆拓土抢夺财富造下的血孽反噬。埃及人每时每刻都祈祷着波斯王能够如同神所预言的那样，在疯狂中迷失自我、遭受重创，显而易见的是，他们的祈祷灵验了。想要让一个人毁灭，必先让一个人疯狂，波斯王的疯狂，在每一场战争的掠夺中，对阿玛西斯的无数次羞辱中显现得淋漓尽致。

坐拥广阔疆土的波斯王并不满足，他从底比斯出发进攻埃塞俄比亚，为摧毁沙漠中的太阳神殿，波斯王不惜调度 5 万大军。然而，就算他们摧毁了太阳神殿，他们离这个神秘的国家还有一大半的距离。波斯士兵认为这个国家应该如同童话故事里所描述的那样，拥有许多珍贵的宝藏，珍馐美食应有尽有，但映入眼帘的却是一望无际的不毛之地。巨大的落差让这些士兵无法忍受，他们开始自相残杀，同类相食。这也是对冈比西斯二世的警告，这让他清楚地意识到：就算伟大如他，也并不是所有事情都能在掌握之中。然而福无双至，祸不单行，冈比西斯二世还没有到达孟斐斯的时候，另一个灾难悄然来临。冈比西斯二世派遣去摧毁阿蒙[1]神殿（Luxor Amon Temple）的军队再也没能回来，有人猜测军队已经成为尸体，埋葬在滚烫的沙柱下。

很快，冈比西斯二世的铁骑踏上了迦太基的殖民地提尔（Tyre）[2]。但冈比西斯二世遇到了挫折，那就是腓尼基海军非常抵触他们的族亲提尔人。提尔的命运与巴比伦如出一辙，也是先被尼布甲尼撒二世攻陷，如今沦落到受波斯掌控。不过提尔人与埃及人还是有所不同的，冈比西斯二世并不敢完全得罪提尔人，毕竟他们手中紧紧握住的是海上贸易的中心枢纽，如果他们誓死反抗，将会是鱼死网破的灾难性后果。同埃及人一样，腓尼基人的名声早已响彻在外。当我们刚认识欧洲的时候，就发现已经有腓尼基人成为最出色的航海家。

一开始他们生活在黎巴嫩山和大海中间的平原[3]，提尔和阿拉多斯分别坐落在平原的最南端和最北端。在南方，除了提尔，还有较为出名的城市，就是贝里托斯（Berytos）和比伯勒斯，特里波利斯（Tripolis）把这些城市紧紧连接在一起[4]。

特里波利斯由三个区域组成，且不同区域服务的城市不同，它们分别服务于提尔、希顿和阿拉多斯。事实上，不管腓尼基部落对希腊部落产生过怎样的影响，这两个民族在各自发展中，每一个重要阶段

---

[1] 古埃及的太阳神。——作者注

[2] 古代腓尼基城市，亦是北欧神话中战神的名字。——译者注

[3] 即贝鲁特。——译者注

[4] 约 1/8 英里。——作者注

都彼此制约，只是腓尼基人总是一马当先走在最前端。

希腊人向西扩张的铁骑只踏到了马萨利亚（Massalia）[1] 和科西嘉人居住的阿莱里亚，而腓尼基人却把旗帜插在了赫拉克勒斯神殿，赫赫有名的加帝斯城 [2] 就坐落在大西洋沿岸。公元前 3000 年，已经有人类在提尔生活。公元前 1000 年，提尔成为腓尼基最重要的港口城市。公元前 815 年，腓尼基人开始开疆拓土，无论是地中海还是大西洋，都有源源不断的贸易船只。

这些海军对抗迦太基的情绪十分消极，在汉尼拔（Hannibal）[3] 的带领下才保护了这座城市。与此同时，不用被这群海军骚扰的迦太基必须把重剑指向妄图称王称霸的罗马，将视线转回冈比西斯二世这里。冈比西斯二世在腓尼基受到海军的轻视，再加上军队刚遭到的一系列打击，这些让他像个装了火药的桶，只差一个火引子，就能让他爆炸。

当时的他十分想杀人泄愤，没想到还真被他逮住了一个机会：在军队撤回孟斐斯的路上，他听见有人在欢呼，这欢呼声十分刺耳，让冈比西斯二世觉得，这人是在幸灾乐祸，于是下令杀死这些欢呼的人。

无辜的土著们不得不向冈比西斯二世奋力解释，说他们之所以欢呼，是因为他们发现敬拜的小牛是神牛阿皮斯（Apis）的化身。这件

---

[1]　马赛的旧称。——作者注

[2]　加帝斯是西班牙西南部的港口城市，被认为是西欧最早的人类居住地，建筑遗址可以追溯到公元前 9 世纪。——译者注

[3]　汉尼拔，是公元前 183 年至公元前 181 年迦太基帝国的统帅，是军事史上最优秀的统帅之一。——译者注

事甚至惊动了祭司，他向冈比西斯二世解释这些土著欢呼的原因确实如此，但冈比西斯二世却用嘲讽的语气命令他们把所谓的神带过来。

有人把小牛牵过来，冈比西斯二世却拔出匕首，毫不留情地刺向小牛的大腿，顿时血流如注。冈比西斯二世不顾这些人的惊慌失措，嘲讽道："睁大眼睛看看吧，这就是你们敬畏的神，不过是一堆血和肉堆积起来的物体罢了，只要是人都可以打伤它，不过你们也就只配得上这样的神，但是你们嘲笑我就得受罚。"于是，祭司们受到笞刑，不过这并不是终点，暴虐的冈比西斯二世惩罚完这些祭司后还不满足，下了一道严令，只要发现有人以节日为借口寻欢作乐，就立即处以死刑。

人们顿时如同惊鸟散开，他们取消所有的宴会，没人再理会那头神牛，受伤的神牛最后死于神殿之上，祭司们只能按照以往的仪式，偷偷埋葬这头神牛。

神牛事件平息后，冈比西斯二世的疯狂并没有随之减弱，反而越加严重。不过他也并不是毫无目的地发疯，他之所以刺伤神牛，羞辱它的信徒，就是为了摧毁这个国家国民的信念，浇灭他们心中的斗志。

此刻，希罗多德才缓缓提及冈比西斯二世杀害亲弟弟司美尔迪斯的事情。事情的起因是冈比西斯二世做的一个梦，梦里的画面是弟弟司美尔迪斯坐在王座上，头刚好触碰到了天。醒来后的冈比西斯二世认为这是上天给他的预警，这预示着司美尔迪斯会成为一个残酷的暴君。忧心忡忡的冈比西斯二世立即叫来普雷萨斯佩斯军官去刺杀司美尔迪斯。正当普雷萨斯佩斯完成任务，率领他的军队返航时，就碰见了刚从索萨来的信使。这位信使宣称他们的君主应该是司美尔迪斯，而非冈比西斯二世。冈比西斯二世质问普雷萨斯佩斯，关于司美尔迪斯的下落时，普雷萨斯佩斯拍拍胸脯，信誓旦旦地说自己已经完成任务。

此刻，冈比西斯二世才明白，梦里的暴君并不是司美尔迪斯，而是另有其人，但此刻后悔为时已晚。眼泪涌上了他的眼眶，但这已经毫无意义，逝去的永远不会再回来。冈比西斯二世擦掉眼泪，下令让军队继续前进，他要不惜一切代价去抗击篡位者。冈比西斯二世刚跨上马，剑鞘突然掉落，利剑深深扎进他的大腿，而那个地方恰恰是之前他刺伤神牛阿皮斯的部位。这仿佛是不祥的预兆，若有所思的冈比西斯二世抬眼看了看这个地方，询问这是哪里，当他得知这是埃克巴塔纳时，心中涌起一阵无力，因为多年前的神谕指出，埃克巴塔纳会是冈比西斯二世的坟墓。

这位昔日容光焕发的暴君如今已垂垂老矣，他无力地倾听侍者诵读他的罪行，劝说他将手中的权柄拱手让人。这位昔日的君主已经没有什么权威，这时，普雷萨斯佩斯又站出来说自己没有杀害司美尔迪斯，他拍着胸脯的样子像极了当初他向冈比西斯二世保证他亲手处理掉司美尔迪斯一样滑稽。

国不可一日无主，一位祭司趁着混乱冒充司美尔迪斯，成功当上了波斯王，不过他统治的寿命终结于一次意外：在冒牌波斯王睡觉的时候，欧塔涅斯（Otanes）的女儿趁机摸了他的头，惊觉这位国王没有耳朵，是一个彻头彻尾的冒牌货。

欧塔涅斯当即召集六名贵族，组成了一个七人同盟，这六名贵族中也包括希斯塔斯佩斯[1]的儿子——大流士一世（Darius Ⅰ the Great）[2]在内。形成联盟后的第一件事情就是杀了冒牌货和他的随从，第二件事情就是讨论国家未来政权的形式。欧塔涅斯坚持认为共和国是唯一保障统治者责任的正确模式。迈格比佐斯[3]的观点与之相反，他认为共和制度容易产生暴民，而暴民远远比暴君更可怕，所以他主张寡头政治。大流士一世则支持君主制，他认为只有在君主制度下，统治者才能够将这个国家治理得井井有条。三个人据理力争，秉持自己的观点毫不退让，但最终他们还是各退一步，决定在他们三个人当中选出一个作为国王。他们约定第二天一大早就一起骑马，谁的马先发出叫声，那么谁就是国王。大流士一世的男仆对这件事情十分上心，他十分自信他的主人能够成为国王。

　　不过这些说法大部分都是希罗多德从埃及秘史那里听来的，这些故事的真实性还有待考究，毕竟，被侵略的国民对于入侵者向来厌恶。在贝希斯敦（Behistun）[4]的石碑上刻画了许多有悖于传统的历史故事，但毕竟这是当时留下来的文化产物，甚至比波斯人留下来的历史记录

---

[1]　希斯塔斯佩斯是阿契美尼德王朝的君主，也是大流士一世的父亲。——译者注

[2]　大流士一世是阿契美尼德王朝的第四任君主，也被称作大流士大帝，在他的统治下，波斯的疆土与国力被推到巅峰。——译者注

[3]　迈格比佐斯是阿契美尼德王朝时期的波斯将军，曾经是巴比伦和叙利亚的总督。——译者注

[4]　贝希斯敦位于伊朗境内的贝希斯敦山崖，坊间传言碑文是由大流士一世亲自刻录，碑文里记载了大流士一世在公元前522年到公元前486年统治波斯帝国时期发生的重大事件，其中包括在公元前521年发起的19次战斗。——译者注

都更真实。

根据碑文的记载，冈比西斯二世的弟弟其实早在军队进击埃及之前就已经被谋杀，就连冈比西斯二世的自杀也是他的刻意表演。那个假冒冈比西斯二世弟弟的冒牌货名为高墨达，他之所以叛变，是因为他想以国王的名义恢复古老的传统与信仰，是想让拜火教创始人琐罗亚斯德（Zoroastrianism）[1] 创立的那套教规重现于世，而并非人们通常以为的国家的原因。而涉及人们所关注的高墨达自残的原因，欧塔涅斯女儿背叛他的缘由，以及七人同盟的阴谋如何得逞的手段，碑文上只字未提。依照希罗多德的观点，大流士一世是最后一个加入七人同盟的，在他之前，并没有人站出来反抗高墨达，不过这个版本的不合理之处较多，这里就不做赘述。

高墨达的死亡带来一串连锁反应。希罗多德说，高墨达的死亡会造成对反叛者大屠杀，而大屠杀则会引起混乱和无序，为避免酿成更大的悲剧，大流士一世只好采取强硬措施，镇压那些在混乱中反叛的总督，贝希斯敦的碑文也佐证了这个观点。碑文大致刻画了大流士一世早期忙于镇压叛乱的事件，不过高墨达的死亡并不能浇灭米底亚人恢复至高无上权力的斗志，或许命运女神从来没有眷顾他们，他们从来没有成功过。最为严重的暴乱事件，当数巴比伦暴乱事件，为镇压巴比伦暴乱事件，大流士一世甚至必须采取拆除巴比伦城墙的手段平

---

[1]　琐罗亚斯德是古代伊朗的先知，他根据伊朗的传统教义，一手建立了拜火教，并发起一场宗教信仰运动，使拜火教一度成为波斯的主要宗教信仰。——译者注

息这场风波。风波平息后，巴比伦已经沦为波斯帝国的一个省，佐比勒斯[1]成了巴比伦的总督。

大流士一世还有一位劲敌，那就是吕底亚的总督奥里蒂斯。奥里蒂斯，一位曾因谋杀萨摩斯的独裁者——波利克雷蒂斯，而臭名昭著的总督。在冈比西斯二世的铁蹄还没有踏及埃及前，波利克雷蒂斯就是萨摩斯岛的至尊，他还成为埃及国王阿玛西斯的亲密伙伴。但两国之间没有永恒的友谊，只有永远的利益。

当阿玛西斯发现波利克雷蒂斯的繁荣将如同泡沫一般破碎，就率先打破了同盟之谊。愤怒的波利克雷蒂斯等不及让众神惩罚这个伪君子，于是他将阿玛西斯的密封环扔进大海，以此来宣泄心中的怒火。几天后，一条带有密封环的鱼作为晚餐呈现在波利克雷蒂斯的餐桌上。波利克雷蒂斯的好运气让阿玛西斯惊恐，他害怕自己会因背叛同盟遭受天罚。

而接下来的事件，让他们两人在背叛的事情上调换了位置，那就是波利克雷蒂斯为波斯王提供了军队。冈比西斯二世非常愉快地和波利克雷蒂斯达成一致，同时，波利克雷蒂斯也庆幸自己抓到党同伐异的机会，他要趁此消灭背叛他的萨摩斯人。

被驱逐出境的萨摩斯人狼狈逃到斯巴达，他们不甘心成为丧家之犬，于是说服斯巴达人和柯林斯人联合起来去攻打波利克雷蒂斯，从而包围中心都城。众所周知，斯巴达人并没有足够的能力去封锁一座城市，果不其

---

[1]　佐比勒斯，是一位波斯贵族，他的父亲是迈格比左斯。——译者注

然，在他们包围城市 40 天后，就已经心生怨怼，他们就这样草草结束了自己的第一次亚洲远征。

据希罗多德所处的时代推测，波利克雷蒂斯当时被命运女神眷顾，在他的统治下，萨摩斯一直繁荣昌盛。波利克雷蒂斯的生命终结于奥里蒂斯的谋杀，这位奸诈无比、背信弃义的杀人凶手不仅谋杀了波利克雷蒂斯，还参加了高墨达的暴动。波利克雷蒂斯死后，他的弟弟赛罗斯继位，成为萨摩斯的君主。昔日昌盛而今破败的希腊，被大流士一世纳入麾下。

大流士一世掌权之后，下令重新评估 20 个省的纳税标准，增税之后勉强能够收支平衡。税收从被殖民的地区官员那里收取，这的确十分考验当地官员的贪婪程度与良心。据记载，波斯帝国一年的总收入高达 425 万英镑，大流士一世的收入超过了历任所有国王。虽然大流士一世用这些金钱修筑公路，建造基础设施，但他的最终目的还是实现中央集权，维护皇帝的财富与尊严。波斯与其说是一个王国，不如说是各部落组合而成的联盟，每个部落都像是独立的个体，除了缴税之外，再无任何一件事相通。

大流士一世后期的统治深受两件事的影响，并且每一件事都与希腊人脱不了干系。第一件事情是迪莫基兹的背叛。迪莫基兹是克罗坦的一位医生，在一次意外中，他治好了大流士一世的脚伤，从而被国王高看一等。不过对这位医生而言，自由比财富更为重要，财富和名声往往是自由的拖累。

迪莫基兹有一个愿望，他想回家看看。为踏上回家之路，他昼思夜想，终于计上心来。他凭借高超的医术，为王后也就是薛西斯的母亲阿托莎[1]治病。治疗完成后，迪莫基兹趁机提出一个要求，鼓动阿托莎吹大流士一世的耳边风，让大流士一世踏上远征之路。

阿托莎按照约定去参见大流士一世，批评他丧失斗志，不去开疆拓土。大流士一世解释自己很快就会去远征塞西亚。阿托莎明显不满意他的回答，她声称与其远征塞西亚，还不如先攻占希腊，毕竟雅典的少女十分漂亮，自己想要这些少女当仆人很久了。纵使阿托莎费尽口舌，大流士一世也没有直接答应她的要求，而是接到请求，要求派遣几支船队去塞西亚打探消息。

在王后的努力下，迪莫基兹成为船队的向导。不过迪莫基兹可不是去塞西亚侦察敌情，而是铁了心将船队带往意大利。到达泰勒斯，迪莫基兹用花言巧语哄骗那里的君主，把这些波斯人关押起来，自己却偷偷溜回了克罗坦。而这些波斯人好不容易被释放出来，最终不是沉入大海，就是被卖成奴隶。用赎金获得自由身的波斯人回国觐见大流士一世，向他传达迪莫基兹的消息，这位医生已经与当地摔跤手的女儿成家，无法返回波斯。这次明目张胆的背叛给大流士一世带来巨大的打击，但是他不动声色，没有将任何愤怒的情绪表达出来。

第二件事情就是，阿托莎出于私心，请求大流士一世推迟攻打塞西亚。从政治角度上分析，派遣迪莫基兹去侦察塞西亚的敌情是没有

---

[1] 阿托莎是阿契美尼德王朝的王后，也是居鲁士大帝的女儿、大流士一世的妻子、薛西斯的母亲、冈比西斯二世的嫂子。——译者注

必要的，并且迪莫基兹也并不是去探察敌情，而是回到了家乡。为了回到家乡克罗坦，他不惜将希腊城邦置于危险境地，这种做法实在匪夷所思。其实，因为当时庇西特拉图（Peisistratus）还在位，所以波斯的船队本应在雅典夹道欢迎，但是居鲁士二世在那时候已经侵略了吕底亚境内的希腊同族人，这引起了希腊人的民愤，所以迪莫基兹的阴谋才会得逞。

从政治的角度上讲，大流士一世本可以采取更为明智的方式去攻打希腊人，毕竟那时他在雅典一呼百应。可是他并没有这样做，这也代表他当时并不想侵略希腊，也说明当初的马拉松战争也有可能是庇西特拉图王朝的阴谋。换个思路探讨这次事变，也会发现迪莫基兹的故事显得很累赘。因为克洛伊索斯的失败，才是波斯人与亚洲的希腊人发生争斗的导火索。就算没有迪莫基兹的从中作梗，阿托莎也会想到买希腊少女当她的侍从，也许从一开始这场战争都是必然发生的。阿托莎责备大流士一世怠惰，或许不是出自本心，而只是一个幌子，毕竟大流士一世在位期间勤勉从政，从来没有落下一个怠惰的口实。

接下来将详细展开大流士一世远征塞西亚的细节。这次的远征与未来的马拉松战争胜负息息相关，可以说是扼住马拉松战争胜利者米提亚德（Miltiades）[1] 命运的脖子，也牵扯到达特斯（Datis）[2] 和阿特弗尼斯

---

[1] 米提亚德，是雅典著名的政治家，也是马拉松战役的统帅，因打败波斯而一战成名。——译者注

[2] 达特斯，是大流士一世时期波斯舰队司令。——译者注

（Artaphernes）[1] 等核心人物。大流士一世率领军队通过船桥[2] 渡过博斯普罗斯河，一路经过色雷斯（Thrace）到达多瑙河（Danube）[3]。那里的爱奥尼亚人为了让大流士一世的军队顺利通过，专门为他准备了一座船桥，大流士一世军队正是用这座船桥才成功抵达了多瑙河。大流士一世原本打算过河拆桥，等渡河成功后立即把这座船桥拆掉，但是米都安[4] 的残暴君主戈榴什警告：一旦大流士一世拆桥，将会面临饥饿危机。大流士一世听从戈榴什的警告，命令爱奥尼亚人看守这座船桥，如果他在 60 天内没有回来，就毁掉这座桥。

大流士率领波斯军队攻打塞西亚，刚踏上塞西亚的土地，就被骗到了欧勒斯（Oleshe）岸边，塞西亚人在那里设下陷阱，然后一路向西进发，大流士一世果不其然中计，立即追击，就像一只脖子前挂着胡萝卜的驴，怎么追也抓不到目标。忍无可忍的大流士一世派遣信使，向塞西亚的国王传达他的口谕，让塞西亚国王像个男人一样出战，而不是只会东躲西藏。塞西亚人回复说，他们只是依照平常的习惯四处游牧而已，如果大流士一世想知道他们是怎么打仗的，首先就应该去塞西亚祖先的坟墓前祭拜一遍。无可奈何的大流士一世只好继续追击，

---

[1] 阿特弗尼斯，是大流士一世的哥哥，也是撒尔迪斯总督，同时任职波斯统帅。——译者注

[2] 用船连在一起的桥。——作者注

[3] 旧称伊斯特洛斯河。——作者注

[4] 米都安，是在公元前 11 世纪平地而起的城市，它坐落在莱斯博斯岛的东南部，是岛上 13 个行政郡县之一，也是北爱琴区的首府和东正教的大主教区。在公元前 337 年到公元前 335 年，亚里士多德也曾在这里旅居过。——译者注

但并不是一无所获，因为大流士一世在意外中发现，塞西亚骑兵容易被长相丑陋、叫声奇怪的驴和骡子惊吓。

被追击得精力疲惫的塞西亚人终于想要投降，于是他们派遣信使交给大流士一世四样东西，分别是一只鸟、一只老鼠、一只青蛙和五支箭。这些信物代表的含义分别是战马、土地、水和武器，意思是他们愿意向大流士一世奉献出所有的土地、水流、战马与武器。但这委婉的信物，在大流士一世看来是另外一层含义，恰恰相反，他将这些礼物看成一种警告，这代表着，除非他像鸟儿一样会飞，老鼠一样会钻地，青蛙一样会入水，否则他们就会被塞西亚人用乱箭射死。

惊惧的大流士一世下令撤退，准备渡过多瑙河，但是没料到塞西亚人抄近道，比大流士一世更早赶到，并且试图蛊惑爱奥尼亚人，毁掉那座船桥，这样他们就能重获自由，不用受波斯王权的制约。这个提议听着十分让人心动，只差一点儿，他们就会被塞西亚人蛊惑，甚至也愿意同意米提亚德提出的有利于塞西亚人的建议。

在这关键时刻，来自米利都的希斯缇艾厄斯[1]发出警告，为了让王冠依旧戴在头顶上，他们必须与大流士一世合作来保住自己的地位。这个时候米提亚德惊觉自己被迫与11个独裁者对立，其中有六个人来自赫勒斯滂，四个是爱奥尼亚城市的领导，剩下的一个是凯米的艾厄

---

[1]　希斯缇艾厄斯是大流士一世的一名手下干将，曾与大流士一世一起远征过塞西亚。——译者注

勒斯人——阿里斯塔格拉斯[1]。于是，狡猾的希腊人假装同意塞西亚人的提议，甚至还催促塞西亚人与大流士一世的军队正面交战。被骗的塞西亚人立即整顿军马，气势汹汹地去找波斯人算账。当他们得知大流士一世已率领军队成功渡过多瑙河时，才知道自己中了奸计，纵然心急如焚，也奈何追悔莫及。

波斯与塞西亚的战争终于画上句号，多瑙河畔发生的一切，对于塞西亚人而言更像是一场噩梦。塞西亚人错失进攻的良好时机，再也没有机会全歼波斯人。远征塞西亚是大流士一世对一个世纪前被塞西亚欺辱的米底亚王国的一个交代。不过报仇这个动机比起波斯人攻打埃及以此报复刺杀先父的拉美西斯（Ramses）[2]或者塞索斯特里斯（Sesotris）[3]的动机更不容易成立。

多瑙河畔发生的事件让旁观者清醒地意识到，不管是爱奥尼亚人如同表面那样忠于大流士一世，还是塞西亚人竭尽全力反抗侵略者保卫家国，这些都是流于表象的浮夸，并不是真实的。不管希腊人做出怎样的抉择，抛弃大流士一世抑或是站在他的背后支持他，这都对塞西亚人留在多瑙河的结果起到促进作用。

塞西亚人留在多瑙河，等待他们的无非就两种结果，一是败在波

---

[1]　阿里斯塔格拉斯，是活跃在公元前6世纪晚期到公元前5世纪早期的米利都统帅，在早期反抗波斯侵略的爱奥尼亚暴动中起到了举足轻重的作用。——译者注

[2]　拉美西斯，创造了古埃及的第十九王朝。——译者注

[3]　根据希罗多德的记载，塞索斯特里斯是古埃及的国王，并且率军远征欧洲。——译者注

斯人的铁骑下，成为他们的牺牲品；另一个就是俘虏波斯人，成为至高无上的霸主，成就一番丰功伟业。但是塞西亚人棋差一着，他们为挑拨爱奥尼亚人与大流士一世，从多瑙河岸边来到东岸，给多瑙河桥留了几英里的空间，也正是这几英里的空间，让大流士一世成功逃脱。

　　当大流士一世在多瑙河撤军后，命运女神仿佛开始垂怜大流士一世，他如愿以偿地征服了色雷斯人，并且他的将军迈格比佐斯也频频传来捷报。毫无疑问，这引起了塞西亚人的憎恨，他们不仅偷袭克罗尼索斯[1]，还派人到斯巴达谋求合作。尽管如此，迈格比佐斯的斯特里蒙河岸之旅畅通无阻。米勒基诺斯[2]的佩奥尼亚人就居住在河口附近。这里不仅有肥沃的土地，还有丰富的矿产资源。大流士一世来到这里，当机立断，下令让军队在这儿休息一段时间，整理行装，以便蓄势待发。在这个时期，佩奥尼亚人（Peoniens）[3]的居住区、马其顿人的部落和利姆诺斯岛都归顺在波斯王的统治下，不过利姆诺斯岛不被波斯侵占的时间并不是很长，所以经常与波斯发生争执。后来，雅典人米提亚德占领了利姆诺斯岛，导致这座岛屿与雅典人、希腊人和欧洲人都建立起密不可分的联系，顺理成章地成为反抗东方暴君的堡垒。

---

　　[1]　克罗尼索斯，是古希腊色雷斯城邦中的一座城市。——译者注

　　[2]　米勒基诺斯，是古希腊马其顿中部地区的一个小村庄，坐落在斯特里蒙河岸。——译者注

　　[3]　佩奥尼亚坐落在古希腊马其顿城邦的北边，东边被色雷群山环绕，如今在马其顿共和国境内，少部分位于希腊的马其顿北部和保加利亚的西南部。——译者注

04 雅典风云

事实上，雅典的政治大权最终落到了几位独裁者的手上。想要建立千秋功业的大流士一世正在欧洲开疆拓土，雅典自然也是他的目标之一。可是雅典的反抗太过激烈，让大流士一世的计划严重受阻，其军队在和雅典大军交战时也受到了重创。在此之前大流士一世对于雅典的看法和对希腊的看法一样，觉得它们都是在独断专行的统治下生存着，应该早就习惯了如此。然而是什么导致了被暴君所掌控的雅典和科林斯有着截然相反的结局呢？要想得出答案，我们先要来了解一下希腊前期是在怎样的环境下推行了专制主义。

和雅利安社会相同的是，希腊人天生也更偏爱家长式的独裁专制。家长代表着先祖，可以依靠宗教的约束来管理家庭，虽然他们活着的时候和困于洞穴之中的野兽没什么两样，可是一旦他们死去，成为先人，就变成全家人最崇敬之人了。随着时间的推进，一个家庭慢慢扩大成为一个氏族，而氏族又以联合的方式扩大成为部落，部落之间再采取结盟的形式变为城市，但究其根本，这之间的权利法则并没有任何变化。

　　无论是家庭、氏族还是部落、城市，都是设有祭坛和仪式的，其判官便是祭司，是"王"。不过，不管是部落首领还是氏族族长，其实都是想成为宗族之中权力最大之人，让别的首领也听命于自己，然后依靠圣权维持自己的权力，并对外宣称宗族之人是有机会继承这个权力的。

　　在东方世界里，奴隶制已经根深蒂固，东方人对待君王总是卑躬屈膝、心生敬畏，而且这一现象也越来越严重。一些人觉得君权神授，君王只需要在某些特定的时候仪表堂堂、威风十足地出现在大家面前，其他时间便待在皇宫之中，充满了神秘性，百姓对其也是无比的崇拜。这种情况只发生在亚洲和非洲。虽然很多希腊城市也开始推行世袭君主制，但是世袭之君和不敬畏宪法的残暴之主并不是不能共存的。

　　西方的君主制更像是不择手段地想要打倒那些疯狂的野兽。希腊人确实不排斥亚洲的君主制，在他们看来君主制代表着国家的成长，只是这一制度并不适用于希腊。在希腊，君王绝不可能得到希腊人对索萨、尼尼微、巴比伦君王那样的敬重。所以希腊王朝更迭极快，一个王朝覆灭后立刻就有别的独权政治取而代之。从某种意义上来说，这其实就是一种轮回罢了，那些领导者会将被前任君王所抢去的权力全部夺回来。在这种情况下，希腊不需要经过任何暴乱就能让君主制转变为独裁专制。

　　或许有人会觉得希腊在独裁专制下可以很快地实现宪法的稳定和自由，但这种想法显然是不符合实际情况的。专制者不会无视在他特权阶级之外的人民众生，但他也不会愿意为此承担责任。毕竟专制者和那些他的先辈曾经努力过或是臣服过的人之间毫无血缘关系，在大概率上也不会和他们有相同的宗教信仰。一旦大家失去了信仰，那么政府便不能掌控实权。虽然这些人会认可现在的政权，但是这并不代表他们会尊重权力，所以对于那些努力的下等人来说，不管是王权政治还是独裁专制，都没有什么区别。唯一的不同在于，如今的统治者们或许会为了自己的某些目的以公正之名拉拢百姓，希望大家可以站在他这边。但这只是那些充满野心或是买上位者的人最常用的夺权方式了。

根据这些煽动人心之人的特点，可以发现他首先会斥责别的世袭之家的冷漠和自大，并且为此捏造出一些证明相关的黑料。想要谋权篡位的人会使尽浑身解数让大家举刀为他而战，并将他视作领袖。接下来，他便会统领军队，若是条件允许的话，他还能从外国聘请雇佣军，实现自己的目的。

要是想知道独裁专制是怎样建立的，又是怎样被推翻的，可以研究雅典庇西特拉图的专制史。在那些和雅典传统相关的故事中，我们可以了解到一些与雅典处于同一时期或者比雅典更早一时期的希腊城市的状况。希腊的政权一直在改变，独裁专制和王权同时交替出现。王权推翻了独权，但残暴之人又能谋朝篡位，因此大家对于独裁专制深恶痛绝，不过希腊人民的精神在王权的更迭中不断进步，民主之花终会盛放，到那时便能扫清一切阻碍，随心发展。然而雅典有一个独一无二的变化——在庇西特拉图掌权之前，梭伦推行了政治改革。根据梭伦自己的描述，我们可以推测当时雅典境内的局势并不安稳，国内冤案四起，人们使用暴力争夺资源，穷人被扣上枷锁成为了交易对象，更有甚者被贩卖至国外，掌权者见此状也是愧疚不已。不过这并非事情的全貌。在梭伦进行政治改革后，有人曾用人来比喻土地，这个人曾经被当作奴隶，现在梭伦将他解救出来并且将围栏通通拆去，还把侵略者所霸占的土地赎了回来。在梭伦的描述中，我们还可以知道那时候的雅典人其实被划分为了两个阶层——一个阶层是坐拥良田千亩，身体内流着蓝色血液的世袭之家，另一个阶层是农民"底底斯"[1]。后者又被称作"海克特末利"，他们是"六一税制"土地的使用人，也就是说在他们使用土地期间只需要上缴税赋的六分之一。农民若是违背了合同规定，那么他的将来只能看地主心情了，因为地主每年都会记录农民的缴税情况，并且将其亏欠的税负转换成债务，让他们在下一年偿还，而这笔债务的数目若是达到了规定数字，那么地主便有权将农民及其家属变卖为奴。若是土地当年收成不佳，那么农民就会欠债，这就表示着他们随时都可能被卖去当奴隶，而在这些农民当中，极少有人能够改变自己的命运。在这片被神圣岩石团团围住的土地之上，这些人也许一辈子都只能做一个无情的农耕机器。而梭伦所说的围栏便是雅典周围的岩石。

---

[1] 指在古雅典社会中，那些没有土地，只能靠租借政府或地主的土地进行耕种的农民。他们需要将收成的六分之一上缴，这就是"六一税制"。这些租借土地的农民阶层在古雅典社会又叫作"海克特末利"。——译者注

一些家庭的家主也许确实能算作暴君，而那些可怜的农民只能卑微地站在他们面前，颤颤巍巍地递上租金，然后继续去土地上劳作，勉强度日。这种租用土地的方式对于这些之前连假装维持尊严的权利都没有的农民来说，在表面上看来也算是一种进步了。我之所以说这是表面上，是因为农民的将来都只能取决于田地的收成和地主们的心情，所以这并不能算是真正意义上的进步。简而言之，农民若是想"翻身农奴把歌唱"，便不能只想着依靠法律获得自由。若是当时的情况不能加以改变的话，梭伦也许就能说出真正的情形：土地都掌握在富人们的手上，底层人民即使是想反抗也只是蚍蜉撼大树罢了。不过这种状况不可能一直持续下去，一直被压抑、被剥削的农民们要么就夺得土地，成为一个自由的人，要么就退回到之前为奴为婢的生活。

人们的不满之声越来越大，时机渐渐成熟，梭伦开始推行他计划已久的土地改革制度——解负令（Seisacktheia）[1]。他所说的话也都在暗示着土地改革的必要性。梭伦将"六一税制"土地从贵族手上分了出来，让农民们可以少一些负担，不必再像从前那样交大笔的银钱，不过自由劳动者和穷地主们的负担还是一如既往。

解负令是梭伦的改革政策之一。在阿提卡地区，许多人都不是部落中人，既不相信宗教，也没有特权。对于贵族而言，这些人是不配进入国家政府机构的。可是在这群人当中，一些人的确是有能力去帮

---

[1]　解负令是梭伦所推行的一个改革政策，顾名思义就是减轻雅典农奴和奴隶们的负担，让其可以依靠土地过上安稳日子。——译者注

助国家发展的。若是梭伦想从这些人身上得到收获，那么他就只能将社会进行新的划分，抛开血缘关系，只以公民是否对国家有用这一点为标准。

梭伦参考年收入，将公民分作四个等级，不过那些有公职和荣耀的贫困世袭之家并不在此列，因为梭伦觉得这些人是没落的世袭者。若是一个人的年收成是不足500蒲式耳（bushel）[1]的小麦，那么他就无权成为阿雷奥帕格斯（Areopagus）[2]的大议会议员，也不能担任议会的执政官或是地方法官之职。而入职满一年的人的表现应该在及格线之上，官员们也该对他的工作实力做出评价，这也导致大家可能会因为行为不当而被举报。

全体公民将参加公民大会并投票选举出政府官员，之前被贵族们叫作"四等乌合暴民"的人们也有这个权利。已经没落的贵族无权参与到选举之中，虽然这确实是突破了之前以宗教和血缘为联系的专制主义，但是部落和国家之间的关系没有发生任何变化。公民不管是富可敌国，还是一贫如洗，都只能在成为某一部落的成员之后，才能坐上执政官或是大议会议员的位置，才可以进入参议会。而参议会是由雅典的四个部落从各自的部落中选出100人，最终组成的，参议会议

---

[1]　一种容量单位，计算谷物或是水果的容量。——译者注

[2]　位于雅典卫城西北边，是一座岩石山。在希腊神话中，战神阿瑞斯杀了海神之子，因此便被关押在这座山上，等待诸神对其做出判决。古雅典人也经常在这座山上处理各类自尽、杀人、放火、宗教等司法案件。阿雷奥帕格斯为古雅典的贵族会议、司法会议，之后慢慢发展成了现代希腊生活会的高等法院。——译者注

则可以决定公民大会上的政策和方案。

梭伦让公民在大议会中都有自己的位置，让他们参与到司法官员的选举中，并且在年底的时候考核官员们的工作表现。在保障公民享有对执政官的申诉权后，梭伦又让大议会和世袭家族分割开来，确保独立性。大议会后期也许会成为实现公民自由的精简机构，但是因为公民不信仰宗教就像不属于部落一样，无权进入政府机关任职，所以梭伦推行的改革其实在无意间助长了独裁专制，梭伦自己也认识到了这一事实。梭伦曾说自己为了改善民生呕心沥血，关于这点我们可以找到相关证据，那就是梭伦让雅典人维持了 10 年的团结，也有人说是一个世纪。在此期间，因为司法一直没能改革，所以人们很难找到证据证明雅典发生的改革是梭伦所推动的。诚如梭伦所说，他去朝圣过埃及和塞浦路斯，也去过撒尔迪斯，可是在梭伦的作品中没有任何与撒尔迪斯相关的描述。当然，他的作品中是不可能有的，因为在他立法后的 50 年左右，撒尔迪斯才战胜了克洛伊索斯。梭伦回到雅典后，国内局势大变，各党派之间的斗争使得国家动荡，曾经那个适合梭伦进行改革的安稳局面再也没有了：吕库古（Lycurgus）占领了庇底亚人的平原；埃尔克梅尼德家族[1]的首领梅格科[2]与沿海一带的帕拉林人结盟；庇西特拉图把控着山区。在一次大战中，梭伦便有预感——庇

---

[1] 埃尔克梅尼德是古雅典最为显贵的世家，其名字来源于希腊神话中的海神之子米勒斯的名字。——译者注

[2] 梅格科是埃尔克梅尼德家族的家主。应该是在公元前 900 年到公元前 892 年之间执掌家族的。——译者注

西特拉图将会趁机攻打雅典，于是他想要让雅典人有所警惕，希望大家可以携手抗敌，可是终究没能成功。

他披上铠甲，精神恍惚，独立于门边，无力地安慰着自己——做到现在这样已是问心无愧了。在对于诸如他怎么样才能躲开敌人的报复这样的问题时，梭伦的答案也只有一句"我已经老了"。传言称庇西特拉图最终并没有伤害梭伦，这个一心为国谋取自由，甚至敢冒天下之大不韪的人在一片安详之中，悄然离世。他这一生都是顶天立地的，万事以民为先，从不向命运低头，即使是面对侵略者也毫无惧色。

庇西特拉图，这位山中霸主的成功说明了雅典民族精神的发展是极其缓慢的。当他来到雅典之后，便说自己已经摆脱了雅典城内他的敌人的攻击，而他和战马身上的伤口是最有力的证明。他希望大家可以增派士兵来保护他，帮他抵挡住敌人们的暗箭。传闻说梭伦对此是极其反对的，可是大家并没有听梭伦的话，而是答应了庇西特拉图。于是，庇西特拉图丢掉了伪装，在那些以长矛为武器的士兵们的保护下拿下了阿克罗波利斯（Akropolis）[1]，梅格科也带着整个家族逃之夭夭。

庇西特拉图便这样顺利入驻雅典了。根据希罗多德的描述，庇西特拉图是一个擅长管理的英明君主，但是他并没有推行宪法改革。他的直觉告诉他，梭伦所推行的宪政其实就是独裁专制，而这正好也是

---

[1]　又叫"雅典卫城"，顾名思义是为了防守而在阶梯式或悬崖式的山坡上修建起来的城堡。这是古希腊城市的核心，也是如今希腊遗址的标志。——译者注

他想要的。其实和希腊别的城市相比，雅典的独裁专制之风已经算是比较小的了。庇西特拉图及其后人都是贤明之君，可惜他们的政治生涯并不是毫无风浪的，而且他们面对的首次挑战很快便来了。庇西特拉图可以轻易掌控雅典，是因为雅典内部分崩离析，他掌权之后将雅典人驱逐出境的做法又使得平原一带和沿海地区的雅典人开始团结起来。庇西特拉图为了巩固自己的统治，与沿海的梅格科握手言和了，可是当平原和沿海的结盟破裂后，庇西特拉图故态复萌，继续将这些人驱逐出境。他们这样争斗了十载，在此期间庇西特拉图于马拉松城出其不意，成功击退了雅典大军。

庇西特拉图三度坐上雅典卫城之主的位置，在第三次的时候，他下定决心要将平原和沿海地区的反抗者斩草除根，不能再让他们有机会反抗了。梅格科因此而带着他的支持者们离开了，不赞成庇西特拉图的想法的人们也被当作人质流放到了纳克索斯岛[1]，好维护岛上的独裁专制。庇西特拉图最终依靠色雷斯雇佣军建立起了自己的政权。

庇西特拉图在公元前527年去世，他不能再延续自己的辉煌或是失败。传言其子希庇亚斯[2]与希帕克斯[3]在执政方面深得其父真传，比

---

[1]　希腊的一座岛屿，是基克拉底群岛中面积最大的岛，也是基克拉底文化的核心地带。岛上金刚石储量极大。——译者注

[2]　希庇亚斯，公元前527年至公元前510年在位，庇西特拉图之子，是一位暴君。斯巴达克里昂米尼一世在攻入雅典后将他赶出了雅典。希庇亚斯在公元前480年的时候，带着他的儿子们和家族与波斯暴君薛西斯一世联手。——译者注

[3]　希帕克斯是庇西特拉图之子，在公元前514年遇刺身亡。——译者注

较克制节约，可惜他们的政见并不能让其安枕无忧。这两人所面临的危险都是他们本身的一些习惯造成的。希帕克斯看到貌若天仙的哈莫迪丝便想占为己有，没有任何廉耻之心。亚里士托吉坦[1]在知道希帕克斯有不轨之心后，既怕又怒。庇西特拉图王朝也逃不过宿命，给自己引来了大祸。亚里士托吉坦在有心之人的帮助下打算趁着雅典游行节之际偷袭希帕克斯。在这一天，亚里士托吉坦的一个属下在和希帕克斯窃窃私语，亚里士托吉坦害怕自己的计划被泄露，因此在仓皇间立即出手刺杀了希帕克斯并且逃之夭夭。此事发生之后，希庇亚斯变本加厉，猜忌之心更甚，整整四年间雅典都陷入了一片腥风血雨中。在修昔底德时代，很多人都是认可庇西特拉图的长子希帕克斯登基为帝的，而亚里士托吉坦之举不但为自己报仇雪恨，也让雅典得到了解脱。

　　在雅典，有一首流传度极高的歌曲叫作《桃金娘花冠》，歌中神化了杀死暴君的那把剑，称平等的法律再度降临雅典，雅典的后人们都能得到解脱，重回公正。这些事情也都证明了希帕克斯死于刺杀的说法是真的。不过修昔底德对此事持有不同意见，原因有二：一是希庇亚斯才是庇西特拉图的长子；二是在希帕克斯逝世后，庇西特拉图王朝并没有覆灭，希庇亚斯也是更加残暴。但是希帕克斯的暴毙也给了希庇亚斯一个警告，告诉他暴风雨即将来临，他必须提前准备好应对方案。希庇亚斯将精力放在了对付波斯暴君上，这也为雅典及世界

---

　　[1]　哈莫迪丝和亚里士托吉坦是一对恩爱情侣，他们合谋杀死了希帕克斯，因此而名扬天下，是古雅典民主的代表。——译者注

历史带来了重大影响。

波斯在拿下吕底亚王国后便打算侵略达达尼尔海峡，希腊在西吉昂（Sigeum）[1] 所建立的殖民地也归顺了波斯。希庇亚斯这次派去驻守色雷斯城市、克伦尼索斯和西吉昂半岛的大将是米提亚德，此人在之后的马拉松之战中也大获全胜。米提亚德身边是聘请了雇佣军的，而且他还迎娶了色雷斯领导者奥洛勒斯[2] 之女，这便让他在当地可以立稳脚跟。米提亚德让希庇亚斯发现了政治联姻的优势，于是希庇亚斯一意孤行，主动把自己的女儿下嫁给兰普塞克斯[3] 暴君之子，他不在乎兰普塞克斯之君同波斯的大流士一世来往甚密，也不在乎雅典人对兰普塞克斯的轻视。如此一来，他在西吉昂便有了避风港，同时又拉拢了兰普塞克斯君王，可以从他手里知道与波斯王有关的消息。

在希庇亚斯为了自己的安全而煞费苦心之时，埃尔克梅尼德人正在筹谋着怎样将他赶出雅典，这也是希庇亚斯最害怕之事。希庇亚斯将女儿嫁出之后的五年间，德尔斐突遇大火。重修神殿之事便落到了埃尔克梅尼德人身上，经他们之手修好的神殿完整如初，对于合约所提的各种标准他们也是超额完成。

埃尔克梅尼德人为自己而骄傲，也向神庙许愿：任何前来求助神灵的斯巴达人都会得到同样的回复——雅典人终将获得自由。德尔斐

---

[1] 古希腊的一个城市，在安纳托利亚半岛上的特洛德地区。——译者注

[2] 奥洛勒斯是色雷斯之君。——译者注

[3] 古希腊的一个城市，在达达尼尔东边，当地居民被叫作兰普塞西恩人。——译者注

人也开始帮助埃尔克梅尼德人完成心愿。斯巴达人在知道天神的回复后也从海上发兵攻打希庇亚斯，即使这是有违他们本意的。不过有人泄密，这让希庇亚斯提前知道了这件事情。

在法勒朗平原之战中，斯巴达首领被杀死，其部下也是四处逃窜。同样地，为了遵守神谕，斯巴达人在克里昂米尼一世[1]的带领下拿下了阿提卡，只是他们的作战方式一直被人诟病，他们主动挑起的战争也被人鄙视。希庇亚斯的孩子也被斯巴达人所抓，差点儿被偷运到海外去。

最终，双方开始交涉，希庇亚斯为了自己的孩子们，愿意在五天内从阿提卡撤兵。于是庇西特拉图的暴力政权在建起后的第50年，希庇亚斯这位最后的暴君来到了他之前便准备好的避风港斯卡曼德罗斯[2]河岸。而在雅典卫城中，一根柱子高高立起，而柱子上记录着庇西特拉图王朝的暴政及成员姓名，后世之人皆可引以为戒。

当希庇亚斯被赶出雅典后，雅典人需要面对的就是和梭伦司法体制相关的改革。梭伦之前推行的司法体制是向所有公民打开了司法大门，但若是专制主义对其放任不管，那么这一项限制了很多人权限的措施一定会经历一场变革：有70%的公民无法参与到大议会和执政官的选举之中，也无法参加参议会的选举。

对于这种被剥夺了政治权利的情况，百姓们是不可能长期忍气吞

---

[1] 克里昂米尼一世是斯巴达之君，在公元前519年上位，覆灭了阿尔戈斯城，让斯巴达在伯罗奔尼撒半岛上的影响力剧增。——译者注

[2] 在希腊神话中，这是河神之名。——译者注

声的，而躲在雇佣军身后的暴君，却可以利用这种宪法维护自己的专制统治。公民若是失去了言论自由，那么他们在公民大会上就只能顺应上位者的想法，执政官也就会沦为暴君的棋子。梭伦曾经说过执政官是顺利传唤过庇西特拉图的，不过他也说过庇西特拉图的原告在庭审的时候并没有出席，他是被限制了。而在将希庇亚斯赶出雅典后，梭伦法令也开始有了效力，但是派系的复活又阻碍了这种效力，他们就是梭伦宪法所针对的对象。

埃尔克梅尼德人克里斯提尼因为向德尔斐女祭司行贿而臭名昭著，他和伊萨格拉斯[1]王族之人正是前两者的代表。克里斯提尼并没有成功，不过我们知道他在失败后与大家和解了。他在旧社会秩序的基础上，让新氏族取代了旧氏族。对此，那些非氏族成员之人和不管有多少家产都只能成为第四阶层的人是极为支持的。那些追随克里斯提尼的人都将他视作世上最聪明、最愿意做事的人，所以一旦他们产生不满的情绪，便会威胁到国家安全。克里斯提尼也知道若是想将这团可以变为熊熊大火的火星扑灭的话，便要对付宗教组织基层，因为他们是公民政治进步的绊脚石。

想建造一个能和旧部落平分秋色的新部落是不可行的，因为在旧部落中增加氏族或家族的行为是对部落的不尊敬。万般无奈之下，便

---

[1] 伊萨格拉斯是公元前5世纪后期的雅典贵族。他们在希庇亚斯独裁专制期间，进入雅典被迫参与到了克里斯提尼的权斗之中，最终求助于斯巴达国王克里昂米尼一世，才将克里斯提尼赶了出去。——译者注

只好让能够使全部雅典人参加并且将行政区作为政治单元的新部落来取代宗教部落这一政治单元了。虽然这种变革和之前特有的社会宗教不同，但是也能给那些传统的世袭大家当头一棒。伊萨格拉斯自然是不同意这种做法的。不过我们需要分清一个因果关系，那就是并非因为伊萨格拉斯的反对使得克里斯提尼所提的变革能够收获民心，而是因为这次变革的提议导致伊萨格拉斯心生抗拒。在雅典发生的变革之争对在罗马发生的贵族与平民之争，以及在中世纪德国和意大利发生的世家之争都产生了或多或少的影响。

克里斯提尼曾经的痛苦经历让他知道应该怎样去对付宗教斗争和对方反叛者们。为了达到这个目标他采用了两种方案：一是将部落成员分散开来，让他们到全国不同地区；二是将其流放。克里斯提尼精心筹划，让每个部落的成员都待在雅典的五个不同行政区里。每个行政区内都有一个固定的场所，让人们可以进行祭拜、举办仪式，以此来保护本地利益，并且行政区可以独立制定税收政策，对区内公民进行登记造册。在这种情况下，行政区内的不同部落，都可以在自己的小教堂内举办宗教活动，这就将他们同以往的贵族大家和公民之间皆有关系的宗教社会区分开来了。从这种新部落的划分中，我们也可以发现古代最为先进的民主政体和现代社会之间的差别。

新部落改革使那些在传统宗教部落中没有任何背景优势的公民得到了利益，可是贵族们对此却深恶痛绝，因为他们不但没有得到任何好处，还失去了以前的特权，他们自然是想推翻这套宪法的。所以只要庇西特拉图和伊萨格拉斯产生嫌隙，那么国家还想要维持宪法就只能依赖于百姓们。换而言之，就是若想得到和平与安稳，那就只能发动内战。如此一来，便一定要建立一个可以应对旧时的特权阶级的机构了，而这个机构的功能和雇佣军、刺客等职业功能相同，但机构可以杀人不见血。

做出决定的是雅典全体公民，他们每年都会进行一次秘密投票，选择接下来将谁流放后可以维持国家安稳。不过被选中之人被流放在外，其财产和身份不会发生任何改变。为了防止有人以权谋私，还需仔细定好预防之策，比如必须经过参议院开会来决定是否实施放逐制等。而当时的参议会人员已经增加至 500 人，皆是从 10 个新部落中以抽签的形式各选出的 50 人所组成的。若是需要实行放逐制的话，便将对国家的安稳不利之人的名字写在陶片上，大家进行投票，最终只有反对票超过全体公民人数的四分之一，也就是 6000 票，才将会有人被流放，否则便不能实施放逐制。这样做就很容易出现让小部分人决定被流放者及其数量，那么投票也就失去了原有的意义。若是有人得到的反对票多于 6000，那么他便会收到通知，让其在 10 日内离开雅典。

不过，这个人也不会因此觉得失了体统或是没了家财。在这种和平安稳的方式下，那些可能会伤害国家宪法之人都被流放在外，国家也就可以再度得到自由了，而且这种方式还能成全双方，在减轻国家压力的同时维护了当事人的体面。不过这种方法只是暂时的，雅典进入民主繁荣期后便没有再使用它了。

新宪法中设立了给予公民言论自由权的大议会、成员具有永久性的参议会，以及全新的军事机构，不过伊萨格拉斯想将它们全部推翻。

根据独裁专制的本质，伊萨格拉斯很清楚自己若想成为民心所向，那就只能抑制住自由言论的想法，让平民阶层的全部公民都能进入政府工作，这样一来那些贵族大家便再也不能恢复特权。埃尔克梅尼德家族被诅咒了，100多年来他们一直在撒谎，在拿下雅典卫城后，他们便处死了执政官基伦和他的手下。人们因为这个诅咒而产生了宗教恐惧，伊萨格拉斯在克里昂米尼一世的帮助下，将克里斯提尼及其同伙都赶出了雅典。紧接着，克里昂米尼一世便入驻雅典，并且以诅咒为由，将700个家庭全部赶走。伊萨格拉斯向克里昂米尼一世提供了家庭名单，不过他也为此付出了代价，在他要求解散参议会的时候，500名参议员拒不执行他的命令。伊萨格拉斯带着他的手下来到雅典卫城避难，在被困三天后，克里昂米尼一世不情不愿地签下协议，带兵从雅典撤离了。雅典人对于伊萨格拉斯极其不满，似乎只有杀了他才能让民众满意，对此，伊萨格拉斯也只能认命了。在克里昂米尼一世离开后，克里斯提尼和被赶走的家庭成员们都回到了雅典。

这时候的雅典和斯巴达都已陷入纠纷之中，不过他们也了解希庇亚斯是想借助波斯王之力来威胁他们，所以在克里斯提尼回到雅典后，他一定还有别的计划。果不其然，雅典很快便派出使者去往撒尔迪斯和波斯王签订合约，结为同盟。当吕底亚总督阿特弗尼斯询问这些使者时，使者只说若是他们愿意拱手让出河山，归顺大流士一世的话，那么波斯王也愿意和他们结盟。面对这样的条件，使者们居然答应了，但雅典境内则是怨声载道，雅典人宁死也不愿受这种屈辱。我之所以会如此耗费笔墨来反复强调这件事及其意义，是因为这件事成为一场战争的导火索，而在这场战争中薛西斯一世是最后的失败者，意义重大并且引发了一系列事情。

　　失败后的克里昂米尼一世并没有气馁，在他眼中，克里斯提尼所推行的宪法改革是对他的羞辱，因此他打算帮助伊萨格拉斯坐上雅典王的宝座。于是他巧言令色，让他在斯巴达内的盟友率兵前往距离雅典不过 12 英里的伊洛西斯，可是他并没有告诉大家这样做的目的。当科林斯人洞察到克里昂米尼一世的真正意图后，便以误入歧途为由，迅速从同盟中抽身了。斯巴达国王阿里斯顿之子德马拉托斯[1]也紧接着脱离了同盟，剩下的盟友也开始动摇。克里昂米尼一世的同盟瓦解了，这也让雅典人有了动力，在接下来的行动中，雅典都占了上风，接连击退了彼奥提亚人和尤碧椰人。

　　当希罗多德说到这些战争时，总会强调自己的一个观点——言论自由是极好的。暴君在位期间，雅典人和周围邻邦一样，一直在战火之中挣扎，可一旦推翻了暴君，雅典人就开始成长起来了，究其根本还是因为在暴君的统治下，雅典人失去了自己的自由，而现在大家愿意为了自己的自由而努力拼搏。雅典人靠着对自由的向往赢得了和波斯暴君的战争，整个希腊都为之惊艳。在往后的岁月里，他们也将像科林斯人在伊洛西斯反抗克里昂米尼一世那样，对自由心向往之，并

---

[1]　德马拉托斯也是斯巴达国王，和克里昂米尼一世共同执政，但双方不合，一直在互相对抗。他在加入波斯的阿契美尼德王朝后，代表波斯参加了第二次攻打希腊之战。——译者注

以此将暴君的冷漠和同情化作深深的仇恨。

希庇亚斯被克里昂米尼一世赶出了雅典，但是克里斯提尼并没有被打败，这对于克里昂米尼一世来说也是一个极大的威胁。他并不想让庇西特拉图王朝覆灭，而盟友们的背叛又让他败北于伊洛西斯，对此克里昂米尼一世满是怒气。这股怒气在他知道自己的朋友希庇亚斯不过是克里斯提尼向德尔斐祭司行贿的工具时达到了顶峰。如今，他和他的子民们都很明白，雅典人是不会让斯巴达人超过他们的，所以若是让雅典继续享受自由的话，其实很快便会赶上斯巴达。为了阻止这一情况的发生，斯巴达人只能推波助澜，让雅典再度陷入暴君的统治之中。为了达到这个目的，斯巴达人在举办同盟大会时，便向身在西吉昂的希庇亚斯发出了邀请，所有人都在期待着着这位昔日雅典暴君的到来。

在希罗多德对相关事件的描述中，我们可以知道，除了斯巴达人觉得自己是希腊的领头羊外，希腊的其他城市也大多赞成斯巴达人的想法。不过雅典对此并不认可，这也让它和斯巴达结下了梁子。有很多事情都能证明斯巴达的想法并不是自大无理，比如科林斯和别的一些城市的士兵都愿意在克里昂米尼一世的带领下，去往遥远的伊洛西斯，即使他们并不知道为何要去那里。而同盟大会的召开也证明斯巴达在希腊境内依旧有着极大的号召力，可以称得上是一呼百应，只是前来参加大会的其他城市之间难免会发生争执，也就是说在面对斯巴达的计划时，每个城市都有权去参与或是拒绝，它们依旧享有自由。

希庇亚斯带着自己的目的来到了同盟大会，而同盟大会也开启了相应程序，保证了附庸国的尊严。斯巴达人在大会上发表了演说，其风格一如既往——简单明了。斯巴达人毫不避讳地承认了自己所做的蠢事——在德尔斐被皮提亚[1]所骗，因此让戴莫斯人[2]这个背信弃义之人得到了雅典。彼奥提亚人和尤碧椰人都已经被民主所伤，其他部落也将遭受同样的痛苦。斯巴达人也向大家开诚布公，表示这次召开大会是为了让雅典人得到应有的惩罚，帮助希庇亚斯重建专治王朝。

这种行为是自私且无情的，科林斯人索锡科斯也对此深恶痛绝，他如是说道："如果你们斯巴达人想要毁掉自由，政府在城市之中重建那充满血腥和暴力的君主专制的话，那么就会乾坤颠倒，鱼儿将要来到地面上，人类则要进入海洋中。若是你们真觉得独裁专制有一星半点的好处，那么你们先在自己的城市内加以实施，然后再以此说服别人。大家吃一堑长一智，经过以前的教训后，我们不会在同一个地方跌倒两次。"科林斯人在听到这种说教后，回想起某些和科林斯暴君库普赛罗[3]与佩里安德[4]相关的故事，纷纷不寒而栗。斯巴达人的结束语也是一如既往的简单，他们大方承认，在邀请希庇亚斯后，会让科林斯人对此提出所有疑问，他们虽然对科林斯人所说的话感到震惊，但也答应心怀内疚的科林斯人可以不参加这次的结盟。

---

[1]　皮提亚是阿波罗神殿中的最高女祭司，人们一遇到大事便会向她祈祷，希望可以通过她得到神的指示。——译者注

[2]　在古希腊时期，戴莫斯人便是普通人的意思。——译者注

[3]　库普赛罗是公元前7世纪科林斯的首个暴君。——译者注

[4]　佩里安德是科林斯的第二个暴君。——译者注

这场辩论至关重要，斯巴达的想法应该已经替薛西斯一世清除了阻碍，为他的胜利提供了保障。从这场辩论中，我们也可以看到政治教育的本质，希腊境内推行独裁专制的城邦也是通过政治教育而有所改变。不过，这些事情都是在雅典建立起民主制度后才发生的，而且经历了很长时间。科林斯人与斯巴达人都痛恨新的制度让那些落魄贵族失去了所有特权，不能再进入政府工作，失去了公民权利，而且旧宗教也开始改变了。这种制度将会让百姓服从于政府机器。他们也讨厌让轻视法律之人成为国家领袖，这种人眼下是没有什么危害的，但他一旦坐上了领导之位，便会暴露出凶残的本性，不断镇压百姓。新的制度和以前制度将有着本质上的不同。旧制度给斯巴达人带来了荣誉和自豪，所以他们能够认可并且遵守旧制度；新制度将权力交给了由百姓所选出的官员们，就连君主也得为自己的行为做出合理解释。因此，索西科斯才会说斯巴达人不懂暴君推行的残暴专制是因为他们没有经历过这种事情。

斯巴达人和科林斯人在辩论中各执己见。斯巴达人知道，若是不能压制雅典式民主，那么独裁专制一定会走向灭亡。科林斯人对此并不了解，他们目前并不想干涉一个完全独立的城邦的内政。若干年后，在伯罗奔尼撒之战前所进行的各项辩论中，科林斯人的观点发生了巨大改变。他们开始关注于新旧制度的互相排斥，也就是任何一个公民都享有的立法权和司法权的制度和由世袭大家所掌权的制度是不能并存。科林斯人也了解到希庇亚斯为何说总有一天大家会对雅典人恨之入骨，不过目前大家对希庇亚斯的这句话都不甚在意。斯巴达同盟

大会达成一致，大家都不会介入希腊城市的内政，希庇亚斯乘兴而来、
败兴而归，失落地回去了。

05 爱奥尼亚暴乱

在讲述雅典和波斯战争的起因时，最重要的就是希庇亚斯的行动路线，我们无法夸大他的任何行动。众所周知，希庇亚斯已经和兰普塞克斯的暴君结盟，但此人却是大流士一世的拥护者。希庇亚斯在无奈之下只能离开雅典到西吉昂，而他此行的目标也是显而易见的——挑拨波斯王对付雅典。在这一点上他和詹姆斯二世不谋而合，而且希庇亚斯可能更迫切一些。同盟大会一行让希庇亚斯无比失望，他失落地回到达达尼尔，可这并不能影响他要夺回雅典的决心。为达此目的，他可以不择手段，我们都相信希庇亚斯为了实现自己的愿望必然会使尽浑身解数，好好利用他和兰普塞克斯之王的交情。

希罗多德也曾明确说过希庇亚斯回到达达尼尔后就煞费苦心地挑拨在撒尔迪斯主政的吕底亚总督阿特弗尼斯，想让他出兵攻打希腊，并且答应让庇西特拉图王朝臣服于大流士一世，以附属者的身份掌控雅典。之后发生的事情也证明了，希庇亚斯及其智囊团确实是因为想重回雅典才煽动阿特弗尼斯的。

若是雅典及之后别的希腊城市都向波斯王俯首称臣的话，那在阿特弗尼斯帮助之下回到雅典的希庇亚斯便无法再继续独裁专制，与其说这是在毁掉雅典的民主自由，倒不如说是在为波斯开疆拓土。总而言之，外人侵略雅典，是因为政治上的考量，但也和宗教相关。

雅典境内很快便知道了斯巴达召开了同盟大会一事，对于希庇亚斯回到雅典的目的，大家心照不宣。雅典外交官们因为这件事情二度拜见阿特弗尼斯，在他面前仔细地分析了此事的利害关系，试图让他放弃干涉希腊内务的想法。不过，希庇亚斯此前的煽动是很有成效的，阿特弗尼斯没有听信雅典外交官们，只告诉他们雅典人最好乖乖地听他统治，不要反抗，以免伤及自身。阿特弗尼斯此话也相当于向雅典宣战，雅典人自是不会答应的。

在希腊西部地区生活的人们和波斯人之间的关系是错综复杂的，因为大流士一世或者是希斯缇艾厄斯已经将极为重要的米利都城转手于希斯缇埃厄斯的侄子阿里斯塔格拉斯了。不过他在接手米利都城之后不久便被迫离开了其殖民地米勒基诺斯[1]，被困在了风景迷人但让人无法喜爱起来的纳克索斯岛。纳克索斯岛上的百姓将那些寡头流放者驱逐出境后，这些人便向阿里斯塔格拉斯求助。虽然阿里斯塔格拉斯愿意领导纳克索斯岛和其附属岛，但他心有余而力不足，只能让那些

---

[1]　米勒基诺斯位于古希腊的色雷斯城内，为马其顿人定居之处，属于色雷斯的伊顿尼亚部落，它是由米利都的殖民者在公元前497年建造而成的。——译者注

寡头流放者们去求助于大流士一世的兄长阿特弗尼斯。他们再三恳求
阿里斯塔格拉斯，并且愿意支付更多的钱财，只是希望阿里斯塔格拉
斯能够帮助他们，一旦阿里斯塔格拉斯答应了他们的请求，那么此次
出征的所有费用将由他们负责。而阿里斯塔格拉斯承诺给阿特弗尼斯
的待遇更加优厚，不但让纳克索斯岛和附近岛屿都臣服于阿特弗尼斯，
而且尤碧椰也归他管辖。如此一来，彼奥提亚和大半阿提卡海岸都将
成为阿特弗尼斯的领地。阿里斯塔格拉斯还承诺只需100艘战舰便能
攻下纳克索斯岛，不过阿特弗尼斯直接给了他200艘战舰，并且将这
次行动告诉了大流士一世，他也极力赞成。

　　阿里斯塔格拉斯的运气实在不好，因为纳克索斯岛上的百姓早就
知道了他要出兵攻打这里的消息，并为此做足了准备。虽然阿里斯塔
格拉斯为这次出兵筹划了四个多月的时间，但还是打不过纳克索斯岛
人，耗费了大量金钱，其中一些还得他自己承担。阿里斯塔格拉斯的
处境实在是很糟糕，他并不是在欺骗阿特弗尼斯，毕竟谁也不能预料
未来战争会是怎样的结果，只是他之前答应会负责养护舰队，现在却
无力支付这笔费用了。阿特弗尼斯因此勃然大怒，他决不会原谅阿里
斯塔格拉斯，就像吕底亚君主以及残暴的波斯君主欺压希腊人一样。
阿里斯塔格拉斯也开始改变思路，就在这个时候他得到了希斯缇艾厄
斯给他的信息，他遵照希斯提艾厄斯的嘱咐剃掉了送信者的头发，看
到了他文在头上的图案，知道即将有暴乱发生，这让阿里斯塔格拉斯
下定决心要采取行动。

　　阿里斯塔格拉斯召开了同盟大会，爱奥尼亚人参加了这次大会，

随行的还有希腊史学家赫克忒乌斯，或者说他是一位致力让大家可以用历史的眼光来合理地看待传统的人。在编写本时代的故事时，对他不需要多加揣测，可是希罗多德只能依靠各种小道消息来了解有关于赫克忒乌斯参加同盟大会的事情了。有传闻称，他们此前都已经被警告说不要想去抢夺大流士一世手上的权力。不过他们若是想冒险一试，那么首先就应该重视周边海域的掌控权。阿里斯塔格拉斯希望同盟们可以掌控布兰奇戴[1]家族的神谕，不要让它落入敌人之手。虽然大家表面上都没有答应阿里斯塔格拉斯的要求，但实际上也派了一艘船到米乌斯[2]，抓捕也许会躲在这里的希腊暴君们。曾经建议大流士一世别拆除多瑙河上的桥梁的米都安人戈榴什也在抓捕名单上。阿里斯塔格拉斯答应将被抓的暴君都送回其原先所在城市，不过城中百姓并没有报复这些人，直接将他们放了，唯有戈榴什遭遇了石刑。阿里斯塔格拉斯在表面上交出了自己的权力，想借此让各方势力都可以参与到他的伟大计划之中。他在抓捕了这些暴君又承诺各城市公民可以让他们自己选择后，便独自乘船到大城市中，想求得帮助。此前克洛伊索斯和希庇亚斯也都是这样做的。

有传闻称阿里斯塔格拉斯身边带着一块刻着世界上所有山川河流的地图的黄铜匾。根据相关故事的叙述，阿里斯塔格拉斯在来到斯巴

---

[1] 布兰奇戴位于古希腊爱奥尼亚沿海地带，是一座神殿，殿中设有阿波罗神像和神示所。——译者注

[2] 米乌斯位于古希腊加里亚地带，在爱琴海沿岸的半岛上，爱奥尼亚人居住于此。——译者注

达后，曾向克里昂米尼一世讲述了自己的雄图霸业，他觉得对于曾经
和希腊比肩的雅典而言，成为波斯人的奴隶实在是一种天大的羞辱。
他也为波斯人可以轻而易举地得到大笔财富和无上荣耀而觉得羞耻。
在他看来波斯人穿着裤子、包着头巾，使用的武器只是弓箭和标枪而
已，要战胜他们并不用耗费太多力气。若是可以打败波斯，那么从撒
尔迪斯到索萨都将成为他们的囊中物，并且为他们提供源源不断的金
钱财富。阿里斯塔格拉斯的这番话确实很有吸引力，不过当他等了三
天去询问答复时，克里昂米尼一世只是问他离索萨海有多远的距离。
倒霉的阿里斯格拉斯塔如是回答道："要走三个月。"他还一直强调
这并不是什么难事。可克里昂米尼一世在听到这个回答后，也不管他
之后还要说什么就直接下令让他在天黑之前离开斯巴达。阿里斯塔格
拉斯垂死挣扎，在克里昂米尼一世的寝殿找到了他，当时他正在和自
己的女儿[1]玩耍，这位闻名于世的列奥尼达一世[2]的皇后此时不过是一
个八九岁的孩童。阿里斯塔格拉斯向这个孩子求助，希望她可以帮自
己劝说克里昂米尼一世。克里昂米尼一世立刻责问阿里斯塔格拉斯在
孩子面前到底想说什么。阿里斯塔格拉斯拿出了 10 个塔兰特，之后又
加了 40 个。孩子号啕大哭说道："父亲，若是你还待在这里，这个人
就要贿赂你了。"

---

[1] 克里昂米尼一世的女儿叫高尔格，之后嫁与列奥尼达一世为妻。——译者注

[2] 列奥尼达一世是斯巴达之主，自称是神的后人。他带领着希腊盟军参与了第二
次的攻打波斯之战。——译者注

阿里斯塔格拉斯为能够实现自己的目标，只好灰溜溜地跑去雅典，继续勾画他的蓝图。他对雅典人说的是米利都本就为雅典殖民地，雅典理应去帮助米利都。对于阿里斯塔格拉斯的这个做法，希罗多德曾评价说骗 3 万雅典人比骗一个斯巴达人简单多了。希罗多德会这么说是因为，在阿里斯塔格拉斯进行劝说后，雅典人立刻答应给他 20 艘船。可是阿里斯塔格拉斯忽略了雅典和斯巴达是完全不一样的。大家可能已经忘记了，曾经有一位斯巴达军官跑到居鲁士二世面前威胁他最终却无功而返的事情，不过波斯人已经答应会帮忙对付雅典了。有人也曾威胁过雅典说他们若是不愿意听命于希庇亚斯，那就会遭到灭顶之灾。所以这和希罗多德判断的情况一致——雅典和波斯已经进入了交战状态。雅典人一定要助阿里斯塔格拉斯一臂之力，这也让他们之后步入了一个可以积累大笔财富获得无数荣耀的帝国阶段，不过在这之前他们还经历过一场残酷的战争。

在这个故事中，阿里斯塔格拉斯劝说克里昂米尼一世的行为是很关键的，因为从此可以看出他想要的是将整个波斯帝国都收入自己囊中，并且觉得这并非什么难事。如此一来，在外国人手下救出一些爱奥尼亚城市便不是什么重要的任务了，他们更在乎的是让亚德里亚海和布哈拉沙漠之间的地盘都属于斯巴达人。希腊人或许是因为波斯的收税人被驱逐出小亚细亚这件事情而产生了这种想法，以我们现在的标准来看，希腊人的这个想法实在是太过自负了。

阿里斯塔格拉斯带着雅典给他的 20 艘船和尤碧椰的埃雷特里亚人给他的 5 艘船进入了米利都。他率兵攻打撒尔迪斯，在撒尔迪斯毫无还手之力的情况下，轻松将其收入囊中，而此时阿特弗尼斯还是守在雅典卫城中。一间茅草屋意外失火[1]，吕底亚人和波斯人惊慌失措地逃到了集市上，雅典人更加夸张，他们直接跑到了茂勒斯的高地之上，天色一暗，他们就开船逃走了。有传言称这场大火甚至还烧毁了撒尔迪斯的基比比[2]神殿，这对于薛西斯一世的军队来说是一个可以毁掉希腊西边所有神庙的好借口。爱奥尼亚人很快便接受了另一个惩罚，他们被波斯军追上了，并且在以弗所周边开战，最终落了下风。希罗多德还说到了大流士一世，他在知道撒尔迪斯发生火灾后便立刻去了解了是否是雅典人烧毁的，随后把一支箭射向空中，向众神祈祷，希望神明们可以保佑他能成功报复这个民族。关于爱奥尼亚人在这场火灾中产生了怎样的影响这个问题，希罗多德的回答是：基本没有。大流士一世知道他之后可能会惩罚爱奥尼亚人，因为他时刻记着这些人所犯之罪，他曾经还让身边随从特地在吃饭之前提醒他要铭记雅典人对他的伤害。不难想象这些故事会大大地满足雅典人的虚荣心，在那时的社会里，大家也不会轻视雅典人的影响力。

传说希罗多德是根据推测来了解这一时期的事情，但他很确定的是希庇亚斯在这些年来一直竭尽全力想让波斯人攻打雅典，可惜雅典外交官两度访问阿特弗尼斯，让希庇亚斯的筹谋都付之东流了。

---

[1] 撒尔迪斯的房屋都是草房或草屋顶。——作者注

[2] 基比比是苏美尔列王的王后，根据苏美尔列王石碑上所记载，基比比掌控了政权百余年，后世皆为其修庙供奉。——译者注

在坊间一直流传着这样一个故事：大流士一世不知雅典民族的真正模样，虽然这些年他一直都听说过这个民族，也为之忌惮。结合雅典人对名誉的渴望，我们也就能理解这个故事了。还需特别强调的是在大流士一世领兵出征攻打爱奥尼亚人之前的十余年间，他都没有攻打过雅典人。

雅典人不知为何抛下了爱奥尼亚人，不再帮助他们了。除此之外暴乱波及范围越来越大，拜占庭、卡里亚、塞浦路斯皆在其中。传说是希斯缇艾厄斯带兵去镇压动乱的，阿特弗尼斯觉得这对大流士一世基本没有什么影响，因为希斯缇艾厄斯不但没有镇压住，甚至助长了暴乱。在经过几次诡异的冒险后，波斯骑兵抓到了希斯缇艾厄斯，并将其下狱。

阿特弗尼斯担心希斯缇艾厄斯会和大流士一世和谈，因此直接将他钉死在了十字架上，然后将他的项上人头送到了索萨，大流士一世对此十分重视。大流士一世是不相信希斯缇艾厄斯会这样做的。这个事实也是我们对有关于希斯缇艾厄斯离开索萨后所进行的各种冒险有关的诡异故事持怀疑态度的依据。

关于背叛这件事，希罗多德是持认可的态度，可若是大流士一世真的觉得希斯缇艾厄斯背叛了他的话，那么他怎么可能会让希斯缇艾厄斯领兵出海迎战，并且不对他进行任何监视呢？若非是掌握了足够多的证据，阿特弗尼斯不会在接见冒险前来见他的希斯缇艾厄斯时说道："事实证明，这双拖鞋确实是你亲手所做，而阿里斯塔格拉斯将它们穿在了脚上。"阿特弗尼斯此话之意是指希斯缇艾厄斯是谋划者，而阿里斯塔格拉斯是实施者。或者换一个角度来看，若是阿特弗尼斯觉得希斯缇艾厄斯是背叛者的话，那么身为总督的他就应该立刻处置了希斯缇艾厄斯。

根据塞浦路斯人所住岛屿的地势来看，他们一直都不太可能摆脱波斯人的掌控。他们依靠自己的反抗得到了名望，但反抗并没有成功。一位暴君临阵倒戈，到了波斯人的阵营，随后便败给了萨拉米斯[1]人。从这时候起，爱奥尼亚人的暴动其实也就是灾难而已，他们眼睁睁地看着塞浦路斯人走向失败，也不知道自己的未来将是什么样子。在爱奥尼亚人发起动乱的一年后，波斯人便控制住了塞浦路斯岛，波斯的主帅们把爱奥尼亚人赶出了撒尔迪斯，然后向北而去。他们所经之处的城市被其收服，直到卡里亚叛乱的消息传来，他们才掉头往南去。

在拉布兰达附近发生的一场战斗中，虽然卡里亚人得到了米利都人的支援，但还是败下阵来。斗志尚存的他们，设好埋伏，将三支由波斯将军亲自统率的军队全部切断。可是他们面对的是一个能一直为战场提供统军元帅的君王，所以波斯军的失败并不会影响到爱奥尼亚的暴动。

普罗庞蒂斯和达达尼尔的胜利，既能让战败的卡里亚略感欣慰，也让阿里斯塔格拉斯将他的雄图霸业往后放放，首先保全自己。他在同盟大会召开前的想法是让同盟者们都开始进入备战状态，为了避免米利都再出现驱逐之事，可以在希斯缇艾厄斯所统治的米勒基诺斯殖

---

[1]　古希腊的城邦国家，在塞浦路斯的比迪厄斯河河口。——译者注

民地或者是撒丁岛上建立避难所。现在毕达哥拉斯[1]负责攻打米利都，阿里斯塔格拉斯便坐船到了米勒基诺斯，管理当地。他很快就袭击了色雷斯的一座城市，并且将其团团围住，不过紧接着他也遇袭身亡，整个军队也都被搭了进去。

如今，爱奥尼亚人只能指望舰队了，他们已经放弃了和波斯军的陆战。米利都人为了守护自己的城池而留了下来，舰队则是在离米利都海角不远的莱德岛会合。在这个岛屿和海角之间，多年累积的沙土已经为他们铺好了一条路。爱奥尼亚人畏惧波斯人的陆军，波斯人也是同样地畏惧着爱奥尼亚人的舰队，两边对自己都没有信心，也导致从腓尼基而来的水手们开始没有自信了，所以任何一种策略也许都会让对方分崩离析。

除了已经被杀的戈榴什外，那些被自己子民所宽恕的希腊暴君奉命找到爱奥尼亚人，并且告诉他们，只要他们主动投降，波斯一定会厚待他们，并且不会在他们原有的赋税上加税；若是他们在战争中屠杀了波斯人的话，那么他们也一定会受到最残酷的惩罚。这些条件是暴君们在夜里到希腊各城向城中的爱奥尼亚人传达的，所以每个城市中的百姓都觉得波斯人所提的条件只适用于自己的城市，于是他们毫不犹豫地拒绝了。为此，莱德岛上还发生过一场辩论。

从佛卡亚而来的将军狄奥尼修斯告诉爱奥尼亚人，为奴还是为人

---

[1]　毕达哥拉斯是爱奥尼亚人，著名哲学家，其政治、宗教思想影响了后来的柏拉图、亚里士多德。——译者注

只在他们的一念之间，一旦战败，他们就只能沦为奴隶、无处可逃。所以为了得到一个光明的未来，他们现在必须斗志昂扬，无惧苦难。狄奥尼修斯还指天发誓说只要爱奥尼亚人服从于他的指挥，他就一定能带着大家走向胜利。爱奥尼亚人答应了他的条件，军队便开始进行系统训练。在白天的训练结束后，船员们也只能一直待在甲板上，而且还要把船锚抛出去，不能回岸边的帐篷休息。在这样的魔鬼训练持续到第七天后，生性暴躁的爱奥尼亚人便忍不住了。暴乱的输赢是由战争所决定的，但是希罗多德对此战毫无了解。

在这个故事里还有着懦夫和叛徒的互相推诿。萨摩斯人在开战的时候参照的是和他们已经被废的暴君艾克斯一起制订的作战计划——坐船返回家乡。但是有 11 艘船的船长不听从于舰队，这一行为使得莱斯比亚人离开了船队，随后很多爱奥尼亚人也只能离开团队。和这种懦夫行径相比，恩基人的行为则是让人肃然起敬。他们手上还有 100 多艘船，在作战的时候英勇无畏，成功将敌人击退了。只是他们自己的伤亡实在太惨重，因此最后还是无奈放弃了这场战斗。

虽然我们对于这场战争的细节还不是很确定，但是这件事清楚地说明同盟现在还做不到团结一致、统一行动，每一方都有着自己的小算盘，不能以整体利益为先，自然也就做不到忠诚。在知道希庇亚斯对雅典心怀不轨后，我们都很清楚波斯人一定会入侵希腊西部。亚洲希腊人做事固执己见，从来都以自己为重，这也就解释了在阿里斯塔格拉斯于仓皇之间构想出伟大事业之后所发生的灾难了，这场灾难毁掉了雅典正在发展的政治中贵族和普通人之间的争斗，使得正和波斯交战的希腊东部陷入了瘫痪之中。残暴之君的统治让雅典人失去了斗志，也不再团结，甚至还爆发了叛乱，萨摩斯人被迫参与其中，而这场叛乱很快便被武力镇压了。这场叛乱的最终结局是由那些被驱逐的暴君的党羽所决定的。狄奥尼修斯离开了自己的国家并且此生都没有再回来过，他开着三艘从敌人手上抢过来的战舰冲到了腓尼基，直接攻下了一个没有任何防备之力的港口，击毁几艘商船后，便带着丰厚的战利品来到了西西里，在这里做了一名海盗。狄奥尼修斯立下了一个规矩——意大利和西西里的希腊人可以安稳过海，只打劫迦太基人和第勒尼安人。

爱奥尼亚舰队几乎崩溃，这让米利都陷入了两难境地——海陆皆有可能被封锁。波斯人是有备而来的，他们开始在城墙脚下挖地道，军中带着各种各样的武器，打算攻打这里。米利都还是被攻下了，此时距离阿里斯塔格拉斯发起暴乱一事已经过去了六年。有传言称城内所有成年男子惨遭屠杀，幸存下来的人都被赶到了索萨。大流士一世又将这些人赶到了底格里斯河口的安佩城中，让他们在这里定居。这里周围都是波斯人，米利都人的一举一动都在他们的监视之下。布兰奇戴圣殿被洗劫一空并付之一炬，赫克忒乌斯曾让爱奥尼亚人妥善处理这笔财宝，如今却被波斯收入囊中了。不过希腊的新一代居民被放回了米利都，虽然这里已不再繁华，但它依旧是属于希腊人的。

第二年，靠近亚洲海岸的其他岛屿被陆续侵略，希罗多德说这是第三次收服爱奥尼亚了。之前两次分别是吕底亚国王出征和吕底亚王国被纳入波斯帝国。

　　在拿下爱奥尼亚之后，波斯大军便转道去攻打了达达尼尔北边的城镇。他们没费什么力气就拿下了这些城市。达达尼尔海峡对岸的拜占庭和乔基坦人出逃，来到了黑海周边定居。传说腓尼基人直接放火烧掉了这些被抛弃的城市，随后他们拿下了色雷斯人生活的克伦尼索斯城，只有卡尔迪亚逃过一劫。之后马拉松之战的胜者米提亚德在此不断徘徊，直到腓尼基人到达忒涅多斯岛的消息传来，他才将所有东西打包上船去往雅典。在航路上，他的 5 艘船被击沉了 1 艘，但也是有惊无险，安全到达了雅典。

06　征伐希腊

　　波斯人害怕亚洲希腊人会鼓起勇气反抗他们，便故意对外宣称会对希腊采取报复行动，波斯人是想借此吓唬希腊人，不过他们并没有成功。也许这并不是有意为之，但无论如何，波斯在收服希腊后所使用的宽容政策让他们得到了一片好评。波斯总督阿特弗尼斯的所作所为让人觉得他是想在希腊和波斯间建立并巩固一种永久关系，为此，他做的第一件事就是为政治成长扫清阻碍。不过，阿特弗尼斯做的这些事会让人觉得他是宁愿被大流士一世责骂也不愿意被其表扬，因为这些事情都是有利于大流士一世的敌人变得更为强大的。

　　阿特弗尼斯下令禁止希腊各部落继续内斗，并且推出了可以让希腊城市不再发生暴力事件的法律，希腊各部落都必须遵守。在阿特弗尼斯的改革之下，希腊人开始温顺听话了。希罗多德觉得阿特弗尼斯的做法帮助了希腊发展政治，这也并没有什么问题。他还补充道，阿特弗尼斯是强行让希腊人遵守这些政策的，根本不管他们本身的意愿。

在彻底了解了希腊的整体情况后，阿特弗尼斯下令不管是否纳税[1]，都要将全部被评估的税赋留存在波斯王的税收登记册之中，以此作为希腊人的纳税义务。直到亚历山大大帝兵临波斯帝国时，这些政策才被废除。因为这次被评估的税赋基本都是在暴乱发生之前便有了的，所以我们也不能将其当作是波斯人故意加重希腊税赋的报复手段。

根据希罗多德的说法，马多尼奥斯[2]的表现更加优秀。他是在波斯攻下米利都的次年春天来到达达尼尔的，并且还迎娶了大流士一世的女儿。他当时身强力壮，来到这里明显是为了替波斯帝国打开希腊西部的大门。不过在完成他此行的目的——报复雅典前，他先收服了爱奥尼亚的暴君，在那里建立了民主制度。就像希罗多德所说，这并不是波斯人应该做的事，但这代表着流放或是杀死希腊暴君是对付他们的最好方法。一旦暴君倒台，底下的人们便会立刻恢复那些被暴君所废弃的宪法。

在希罗多德的描述中，马多尼奥斯和阿特弗尼斯所推行的政策的最大区别就在于，阿特弗尼斯并没有针对暴君采取相关政策，所以这些城市是被迫团结起来并建立同盟关系的。可若是这些城市都有自己的领导者的话，那么它们就必须以领导者之名签订盟约。阿特弗尼斯也知道，要想实现真正的长治久安，就必须让每个城市都有自己的领

---

[1] 雅典在专制期间，并没有缴纳这些税赋。——作者注

[2] 马多尼奥斯是希波之战中著名的波斯将军，他镇压了爱奥尼亚人的暴动，在公元前492年推翻雅典暴君并在雅典建立民主制度。他在普拉提亚之战中身亡。——译者注

导者或是实行自治。因此，他为了实现自己的目的，只能将暴君都赶出希腊，因为他根本不相信这些暴君。因此我们只能说，若是阿特弗尼斯在马多尼奥斯来之前就做了这些事情的话，那么马多尼奥斯的所作所为也就是锦上添花了。

驻守在索萨的大流士一世让马多尼奥斯去色雷斯，这便让他很难再有建树。马多尼奥斯的确超过了迈格比佐斯能到达的征服地界，不过在船队驶出阿卡索斯[1]，沿着阿克忒半岛前行时，海上突起风雨，船队也被卷到了阿托斯山海岸。船上数以万计的人，不是死在了巨浪之下，便是葬身鲨鱼之腹。在登陆后，马多尼奥斯的军队又被当地部落袭击，幸存者少之又少。但是，马多尼奥斯还是成功地收服了这个部落。

船队遇险后，便不能再向南边前行，所以马多尼奥斯回到了家乡。不过在大流士一世在位期间，再没有听到任何与他相关的消息。

马多尼奥斯的失败让大流士一世开始怀疑那些帮他开疆拓土的希腊人是否可靠了。我们从他之后的所作所为中，不难发现希庇亚斯的影子，这位亡国之君一直在大流士一世耳边煽风点火。若是大流士一世可以在不出动兵力的情况下就掌握希腊境内有多少人愿意向他称臣的话，这将会帮助他解决收服希腊的难题。所以，大流士一世便让手下到希腊各处以波斯帝王之名要求他们交出一些水和土，也就是代表着他们愿意向波斯帝国臣服。大流士一世的手下很快将这个命令传达

---

[1]　位于古时的阿索斯半岛之上，是古希腊城市，现在在希腊阿卡提半岛东部的伊利索斯旁边。——译者注

了下去，希腊人也都接受了，其中可能还有之前站在薛西斯一世阵营之中的人。

在愿意臣服于波斯的岛民之中还有埃吉那人[1]，这让雅典人很是生气，因为他们两边一直都有争斗。由于埃吉那人在地中海发展商业贸易，所以他们不想和波斯人合作，害怕会有风险，但是他们也很讨厌雅典人。雅典也派出使者去往斯巴达，在那里四处揭发埃吉那人的行为。这位使者说的是埃吉那人这次叛变针对的并非雅典人或希腊某个城市，而是整个希腊。这件事不但证明了希腊人的集体生活方式有所改进，也表明斯巴达在希腊拥有着崇高地位。

对于雅典人来说，让大家一起来排斥埃吉那人就不会显得雅典很废物；对于斯巴达人来说，他们是要对希腊的团结负责，保证集体利益的。在面对即将到来的危险时，雅典和斯巴达和谐相处互帮互助，只不过雅典更危险些。还有一个奇怪的传言，说波斯的使者到雅典后就被直接丢进了乱葬岗；使者到斯巴达后，斯巴达人跟他说："带着你说的水和土，去见你的王吧。"然后，斯巴达人就将使者丢进了井里。两国交战不斩来使，更何况以希腊人的性格来看，他们根本做不出虐待使者的行为，而对于雅典人和斯巴达人而言，这根本就是一种禽兽行径。斯巴达人做不出这种事，并且大家也不认为大流士一世会派遣使者去斯巴达传令。毕竟斯巴达人曾经公开站在吕底亚之君克洛伊索斯这边威胁过居鲁士二世，也被居鲁士二世警告过。大流士一世也不

---

[1]　埃吉那人居住在位于萨罗尼克群岛之中的埃吉那岛上。——译者注

会要求雅典人去做任何事，即使他有这个想法，也会让希庇亚斯去命令雅典人。

事实上，阿特弗尼斯早就将斯巴达人的拒绝视作对他的宣战了。若是说大流士一世是用这个命令去考验那些和他没有过矛盾的人的话，实在是让人难以相信，他即使真的要这么做，也应该向那些明面上的敌人宣令才对。显而易见的是假如雅典人和斯巴达人并没有被迫向波斯俯首称臣的话，那么他们一定会携手合作，共同御敌。

另外，即使雅典经历着各种阻碍，也还是积极地对抗着薛西斯一世，这也就能理解在前文中所提到过的那个故事了，毕竟雅典人的行事作风一向如此。传言散播开后，就有人添油加醋说地米斯托克利[1]曾提议将和使者一同出使希腊各城的随行翻译全部处死，因为他们将希腊语言变成了传唤奴隶制度的工具，这是对希腊语言的不敬；还有人说，使者之所以会身首异处，是因为米提亚德在多瑙河桥边留下了帮助希腊的名声。

在雅典人的恳请之下，斯巴达为了保证自己在希腊联盟中的领袖地位，不得不考虑对埃吉那人进行管制。不过斯巴达之所以会真正实施行动，可能还是因为他们的对手阿尔戈斯被轻而易举地打败了。阿尔戈斯是一座历史悠久的城市，也是伯罗奔尼撒半岛上的大国之一，

---

[1] 地米斯托克利（公元前 524 年—公元前 459 年），古希腊雅典的政治家、军事家，他非贵族出身，受到了雅典底层人民的欢迎，但雅典贵族并不喜欢他。他在公元前 493 年担任了雅典执政官一职，后参加了马拉松之战。——译者注

它可能在最开始的时候就有些嫉妒它南边的邻居了。

现在希腊的统治受到了挑战，斯巴达却还有疑虑，没有行动。在波斯使者到来前的几年里，斯巴达和阿尔戈斯爆发了一场战争，最终斯巴达大获全胜，阿尔戈斯元气大伤，只能摇尾乞怜。阿尔戈斯的经历说明了克里昂米尼一世是打算收服埃吉那人的，即使他们之前已经向波斯的大流士一世俯首称臣了，只是他注定会遇到一些极难攻克的障碍。

在克里昂米尼一世派人去说服埃吉那人投降后，使者给他带来了这样一个回复："他们觉得斯巴达国王说的不符合法律，因此他们也不会去听。"大概他们应该去关注在这次外交之中出现的法律问题，另外在这次行动中我们并没有看到克里昂米尼一世的同伴德马拉托斯[1]。克里昂米尼一世返回斯巴达之后便决定要将在他攻打雅典路上的障碍全部清除。他在和德马拉托斯出生有关的故事中寻得了办法，将昔日的丑闻全部翻了出来，使得本是私生子的德马拉托斯因此被开除，无奈之下，德马拉托斯只能逃去了亚洲。传闻中大流士一世不但让德马拉托斯掌管了其他几座城池，还给了他一份收入。

在德马拉托斯远逃亚洲之后，克里昂米尼一世的这些诡计终于被揭穿，他害怕被公共审判，便去了塞萨利避难。不过，他也因为斯蒂克斯河水泛滥之事而从塞萨利带回了一支对他忠心耿耿的军队。在这

---

[1] 德马拉托斯在之后的波斯战争中和薛西斯一世同仇敌忾，也是顾问。——作者注

支队伍前，斯巴达人节节败退，克里昂米尼一世因此找回了自己的尊严和荣耀。不过，他也性情大变，在街上看到普通百姓便会对其大加侮辱，并将其制服，从侍卫身上抽出刀乱挥，将其乱刀砍死。

不管是阴谋诡计还是争执争吵，都似乎永无止境，孤立已经是一种常态了。如今，波斯之主大流士一世就要出兵征战了。除了基比比神殿被烧之仇外，大流士一世还有很多旧账要清算，只是希庇亚斯一直在他面前晃悠。大流士一世这次领兵出征并非为了替马多尼奥斯出气，而是为了他的兄长阿特弗尼斯和一个名为达特斯的米底亚人。达特斯说他是代表雅典人埃吉乌斯之子梅多斯和其妻子科尔基亚人美狄亚，并且说自己行事亦如雅典之王般风度翩翩。他们这次远征就是希望收服雅典人和尤碧椰人。波斯大军在基利吉亚会合后，大流士一世要攻击的首个目标便是纳克索斯人，阿里斯塔格拉斯的计划因为他们而落空，波斯之王自然是要惩罚他们的。当时爱奥尼亚的暴乱已经被镇压下来，这让希腊人整日惶惶不安，因此大流士一世的第一项任务并没有什么难度。波斯大军兵临城下，纳克索斯人只能跑到山上去，而那些没有逃出城的人只能在城中为奴为婢，大火吞噬了整个城市，神殿也毁于火海之中。只有提洛人逃过一劫并被厚待。逃到了山上的他们在收到达特斯的邀请后重新回到了城里，由于波斯王已经下令不准伤害孪生神的领土，所以他们也不需要提心吊胆地过日子。

位于尤碧椰最南边的卡里斯托斯[1]人是第一个站出来抵抗波斯大军

---

[1] 卡里斯托斯在乔基斯南边约100英里处，是希腊的一座城镇。——译者注

的，不过那时候城市被困、土地被毁，他们也是孤立无援，反抗无望。波斯舰队从卡里斯托斯城离开后便向北而行，来到了埃雷特里亚。埃雷特里亚的百姓誓死反抗，浴血奋战了六天，但在第七天的时候，由于两个埃雷特里亚人的背叛，城市失守，神殿被毁，一些埃雷特里亚人成为了波斯人的奴隶。

这个时候波斯人也曾想过，待战争结束之日他们便驾船航行，而敌人们只能退避三舍，恭恭敬敬地为他们让路。希庇亚斯一直在讨好波斯人，满足他们的虚荣心，并且向他们保证，若是真的攻打雅典或者是斯巴达，一定不会遇到如此强烈的反抗，他们最多和以往一样小心翼翼。

这位昔日的雅典王对自己的领土很是了解，这对于波斯人来说也许会有所帮助。波斯的装甲军队最适合在马拉松平原上作战，平原四周是阿提卡东北边的海岬。于是，希庇亚斯和他的波斯好友来到了马拉松平原，在这里即将发生一场影响了雅典未来历史走向的战争。他在早年间曾陪同父亲庇西特拉图领兵出征，现在过去了快 50 年，如今他要攻击的对象也正是他和父亲当年出兵之地。雅典人受到的政治教训无非就是当年曾经被迫向那位被一堆雇佣军所环绕的暴君投降而已，然后便是一直持中立态度。雅典贵族们的明争暗斗削弱了雅典的实力，如今他们会永远失去以前那种轻松自在的生活。

梭伦曾经觉得公民也许会犯下的最大罪行就是冷漠，不过如今冷漠已经被捍卫法律的坚定所取代了。法律让每个人可以畅所欲言、随心投票，行动自由，它让公民们清楚地意识到，活在世上并不是为了暴君，而是要让自己活得更好。那些暴君则是将人们看作无情的机器，只想让这台机器为他自己而运作。暴君不会真正地尊重百姓，即使他们对人民有所畏惧也极其讨厌，他们也没有意识到统治者应该是要做一个公平的立法者和审判者。希腊的百姓们也没有被他们打动过，所以希腊人的信念对于希庇亚斯的计划和波斯王的抱负而言，都是拦路虎。但是，希庇亚斯也许并不介意大流士一世的勃勃野心。他已经流亡在外二十余载，以前的独裁专制早就被推翻了。

按照地理分布而划分出的新部落取代了以前的宗教部落，世袭之家的奴性也已经不复存在。每个公民在教育之下都已经明白他们是独立社会中的一员。在这场改革中出现了新的政治阶级[1]，也点燃了大家的爱国主义热情，他们愿意为国家无条件付出。也许是冥冥之中自有天意，当希庇亚斯再次来到阿提卡时，"迎接"他的正是曾经被他派往色雷斯主持政治的克洛伊索斯，他昔日的得意门生。

希庇亚斯和大流士一世还遇到了一个更加棘手的问题——地米斯托克利和阿里斯蒂德[2]，这些雅典政治家已经脱颖而出了。他们都不是出身于世家贵族，地米斯托克利的母亲并非雅典人，她的家乡或许是在卡里亚，或许是在色雷斯。这两人的家庭条件都不好，身份也很低微，但他们将来会在自己的城市里发光发亮，在西方文明史上写下属于自

---

[1] 新政治阶级是由中产阶级和一些社会地位较低的人组成的。——作者注

[2] 阿里斯蒂德是古希腊雅典的政治家，他在对抗波斯的战争中，充分发挥了自己的领导力。希罗多德曾评价他是雅典最完美、最具道德之人，苏格拉底对他的评价也大抵如此。——译者注

己的篇章。不过这俩人的思维模式和生活作风是截然不同的，因此在漫漫余生中，他们一直都是实力不相上下的对手，但是国家所面对的危机会让他们压制住对彼此的敌意。若是他们可以在政治家们都普遍缺少的美德上也有这种竞争意识的话，那么不管是对他们自己还是对整个雅典来说，都会是一件好事。

可惜地米斯托克利对于金钱从来都是来者不拒，阿里斯蒂德倒是让自己留下了"正人君子"的名声，这个名头同时也是在暗示当时那些身份显赫之人实际还是贪污腐朽的。在地米斯托克利看来，完成一幅天衣无缝没有任何污渍的画就像大家希望奥利弗·克伦威尔（Oliver Cromwell）[1]、沃伦·黑斯廷斯（Warren Hastings）[2]一生清清白白一样，可笑至极。我们也不能忽略地米斯托克利从一无所有到腰缠万贯的事实。他确实为雅典殚精竭虑，推动了雅典的经济发展，但他的确也从中获得了不菲的收益。他善于分辨事物的本质关系，能力超群，似乎什么问题都难不倒他。只要他想，就没有人能发现他的真正意图。对于这样一个天才人物，大家自然会格外关注，甚至有更多的人相信所有雅典人的名字都刻在了他的脑海里。他不需要煞费苦心便能预知

[1] 奥利弗·克伦威尔是英国的政治家、军事家和宗教领导者，在17世纪英国资产阶级革命中，他代表着资产阶级新贵族，也是其领军人物。他在1649年处死了英国国王查理一世，将英国改为了共和国，军事大权归他一人所有；他又在1653年解散议会，自己做了护国公并且建立了护国公体制，掌握了英国的实权。——译者注

[2] 沃伦·黑斯廷斯是英国第一位驻印度孟加拉总督，他在职期间加深了英国对印度殖民地的掌控。——译者注

未来，性格也十分温和，平易近人。地米斯托克利觉得一个人若是缺乏智慧和经验，那么他是不能依靠单纯的勇气和冲劲来弥补这些不足的。地米斯托克利自己也不会做有勇无谋之事，他可以将政策的界限划分得清清楚楚并且有效地推广实施，但是地米斯托克利偶尔也会朝令夕改，在士兵们都开始懈怠之时，或是军队缺乏凝聚力的时候，他就会使用不同方法来解决问题。

可是，他的这些行为对于他所统治的雅典人来说，是没有合法性的。其实地米斯托克利比任何人都明白，应该做什么，不应该做什么，他若是要实施或是废除某项政策的话，就一定不会让技术和法律上的担忧成为他的阻碍。他是一个天赋异禀之人，但他并没有将自己的天赋全部挖掘出来。在之后发生的马拉松之战中他自然也参与其中，不过我们也可以相信这场大战并非是由他主导的。

在雅典即将陷入危境之际，有人说雅典曾派长跑运动员菲迪皮茨[1]去求助于斯巴达。他在清晨出发，于次日晚上到达斯巴达，他所跑的这段距离足有150英里，超过了波斯和印度任何一个长跑者的跑步距离。不过，斯巴达人并没有好好接待他。在菲迪皮茨将埃雷特里亚战败、尤碧椰人沦为奴隶的事情告诉斯巴达人后，斯巴达人因为祖训——不得在月圆之前走动，所以只能按兵不动。而在这个时候，希庇亚斯已

---

[1]　菲迪皮茨是一位闻名于世的长跑运动员，和现代马拉松运动的形成密切相关，传说雅典在马拉松之战获胜后，就是他从马拉松平原跑回希腊，告诉了雅典人这个捷报。——译者注

经整合完了军队，在马拉松平原上蓄势待发。他好像看到了曾经的辉煌正在向他招手，可他突然咳嗽起来，一颗牙齿也因此掉落，希庇亚斯的激情瞬间消退了。这个意外和传说中征服者威廉登陆佩文西[1]海岸时的遭遇极为相似，那时候的诺曼人也察觉到了胜利的迹象。希庇亚斯向朋友哀叹道，也许这次他在阿提卡夺得的土地只能埋下他的牙齿而已。在普拉提亚[2]人倾全城之力赶来之后，雅典人看到了胜利的希望。普拉提亚人也希望可以摆脱底比斯的控制，所以他们早就向克里昂米尼一世请求加入斯巴达联盟了。而此时的克里昂米尼一世带着大军经过彼奥提亚回到了斯巴达。他打算击垮克里斯提尼，让他的宪法体系分崩离析，可是他没能成功。

失败后的克里昂米尼一世心情十分糟糕，正想找个机会拿雅典人出气，所以普拉提亚人一提出请求，克里昂米尼一世便答应了。不过若是克里昂米尼一世要让整个斯巴达接受普拉提亚人的话，那么底比斯和斯巴达也许就会发生分歧，严重一点儿则会引发战争；若是让普拉提亚人和雅典人结盟，那雅典也会面对一样的危机。克里昂米尼一世自然是会把这个棘手的问题交给雅典解决，因此他让普拉提亚人去找雅典人了。普拉提亚人去找了雅典人，也和他们结盟了，毕竟这对于雅典来说虽然没有什么好处，但也不会损失什么，只是普拉提亚会

---

[1]　佩文西位于英国东萨塞克斯郡，是一座小村庄，距佩文西海湾不过 1 英里。征服者威廉在 1066 年从法国诺曼底横穿英吉利海峡，在这里登陆进入英国。——译者注

[2]　普拉提亚位于底比斯，南边是古希腊城市。公元前 479 年普拉提亚之战就是在这里发生的，这场战争中，希腊打败了波斯，成为了胜利者。——译者注

面对一场灾难，即使克里昂米尼一世的本意并非如此。

现在的情况还算稳定，普拉提亚人去往马拉松平原，他们诚实守信、大公无私，也不怕被波斯人报复，雅典人觉得他们的这种品格正是希腊人身上最可贵之处，可以为之一战。在之后的 20 年间，雅典和普拉提亚也一直维持着友谊之情。在雅典每五年举办一次的献祭仪式上，传令官都会向上天祈祷，希望它能保佑雅典和普拉提亚。

从米提亚德离开雅典到他在马拉松之战中凯旋不过两日时间，但大获全胜是他们之前从来没想过的事情。大军离开前因为一些事情被耽误了几天，但一踏出雅典，他们便以迅雷之势展开战斗。他们不但打了波斯人一个措手不及，还让希庇亚斯在城中安排的叛徒毫无还手之力。叛徒二字是最适合希庇亚斯和他的帮手们的。希庇亚斯这位流亡君主之前是布了一个精妙的局。波斯人将战舰拖到海岸边，在马拉松平原边界处扎好了帐篷，从平原出发，走位于哈梅托斯[1]和彭特利克斯[2]之间的小路便能到达雅典，路程不过 25 英里。种种迹象似乎都在表明波斯大军想在此开战，最终战争也确实在这里爆发了，不过波斯军队其实并没有这个想法。他们在马拉松周边安营扎寨，只是想引诱雅典派陆军出战罢了。他们打算的是在法勒朗平原上，让刚登岸的军队来迎战雅典人。希庇亚斯已经和他的手下说好，只要雅典大军向马拉松平原行进，便在彭特利克斯山头竖起白色盾牌。所以若是盾牌在

---

[1]　哈梅托斯位于希腊的阿提卡，是雅典附近的山脉。——译者注

[2]　彭特利克斯位于雅典东北方向，是阿提卡地区的山脉。——译者注

雅典大军出城前便举了起来，那么就会产生干扰，而雅典元帅是不会让自己的城市陷入险境的。若是在雅典大军离城后许久才竖起盾牌的话，那么它也不会产生任何作用了。因此，在什么时候竖起盾牌是十分关键的事情。波斯军队若是可以提前知道信号何时发出的话，那么他们就能多出十几个小时到两天的时间来备战了。

大流士一世自然不会为了让希庇亚斯获利更多而制订更冒险的计划。虽然雅典军队并不知道大流士一世的详细布局，但是他们绝对不会忽略希庇亚斯也有着极大野心的事实。雅典城内有着希庇亚斯的支持者，只是他们肯定也会为是否要执行希庇亚斯的计划而再三犹豫，这对马拉松之战还是会产生影响，这也就是这个故事中最让人不解的部分了。

希罗多德对于这个故事也有自己的说法。他觉得在马拉松之战延后的几日里，雅典大军一直没有离开雅典。米提亚德和另外四位打算立刻开战的将军希望元帅卡利马乔斯[1]站在他们这边，不答应其他将军提的缓战的要求。要求缓战的一方给出的原因十分具有说服力，让主张立刻开战的卡利马乔斯也因此而犹豫了。主张开战的四位将军将每日轮流的执政权都交给了米提亚德，不过米提亚德还是按照规矩行事，直到自己执政那日才开战。除非我们能坚信雅典大将们在立即开战前失去了雅典的主要兵力，而波斯人在应该袭击雅典城的时候待在马拉

---

[1]　卡利马乔斯出生于古希腊在利比亚的殖民地，著名诗人、批评家。他是古代亚历山大图书馆学者，为古希腊文学史研究做出了巨大贡献。——译者注

松平原上无所事事，要不然我们会很容易接受一个结论——这种消极并非出现在马拉松平原上，而是出现在雅典城内。

若是竖起盾牌真的是像我们之前说的向希庇亚斯通风报信的话，那么这种做法其实是多此一举，因为一旦雅典大军已经离城前往马拉松平原，波斯大将应该就能看到雅典大军了。可是在米提亚德和他的手下消极应战时，在波斯人翘首以待时，波斯的将士居然没有立刻按照希庇亚斯的计划行事，这实在是不合情理。

米提亚德领兵出征了，但是因为波斯的统帅们太过小心谨慎，所以希庇亚斯和他的手下很是担忧，他们之间也一定已经有了分歧，直到雅典大军离城几个小时后，波斯大军才看到约定信号。白色的盾牌立在彭特利克斯山头，在蓝天衬托下是那样的耀眼，对此，希罗多德只说这个信号来得太迟了。希罗多德也承认自己对这件事的了解并不多，他只是知道盾牌立在了山头上，却不知为何会如此。波斯人的战舰终于出发了，但他们并不是从苏尼翁（Sounion）[1] 海角开去法勒朗平原，而是赶紧逃离平原，因为他们已经失败了。现在我们可以看到这样一个情景：雅典大军在经过一段时间的纠结和担忧之后，终于采取了行动，以最快的速度奔去马拉松平原，斗志昂扬，一举战胜波斯人，并且还让希庇亚斯这位昔日的雅典之君铩羽而归。雅典人一旦决定应战便会勇往直前，决不拖沓，他们虽然是在战争前一晚来到了马拉松

---

[1] 苏尼翁位于阿提卡半岛最南边，离雅典约 43 英里。苏尼翁的波塞冬神殿闻名于世，也是雅典黄金时代的代表性建筑之一。——译者注

平原安营扎寨的，但还是影响了战争的最终走向。马拉松的地理环境很简单，在平原东边是拉姆纳斯海岬，平原的北边和西北边群山绵延，平原一望无际，两边皆是沼泽——北边的极难通行，南边的虽然小些，但一到夏季就干涸了。我们以前也提到过马拉松平原的葡萄和橄榄，不过按照现在平原上荒凉的情况来看，我们只能猜测这些水果应该不是生长在平原之上，而是和平原相接的山坡上的。

雅典大军立于环马拉松平原的山地和沙滩之间，威风凛凛。波斯大军则是列军在沙滩之上，卡利马乔斯带兵站在右翼，普拉提人则守住雅典军的左翼。雅典军数量不多，所以制订了一个专门对付波斯军的作战计划。他们将主要兵力都分在了左右两翼，中部次之。当战争的号令响起，雅典军抢占先机，直接攻向波斯军，当时双方相距1英里多。波斯军见雅典大军气势汹汹地冲过来，不禁觉得雅典的人一定是疯子，人这么少，居然还不拿弓箭，不骑战马，不过波斯大军也做好迎敌的准备了。两军兵刃相接，尘土飞扬，战火燎原，双方都已经为此等了太久也忍了太久，每个人都是杀气腾腾的，没有人会知道最终的结果如何。雅典大军的中部被波斯人和萨基亚人攻破，只能退至平原上，但其左右两翼势如破竹，占尽上风。雅典军队深知穷寇莫追之理，在波斯大军四散逃窜的时候，集中火力回援中部，将这批波斯军围攻起来，经过一番厮杀后，成功将其逼退。

雅典顺势而行，手起刀落决不留情，波斯军节节败退，最终逃到了海上。雅典立刻设计放火烧船，波斯的7艘战舰被焚，波斯军已经无力再战，只好驾驶着余下的战舰逃到了伊吉利亚岛上，把他们之前关在这里的埃雷特里亚战俘带上，一同去了苏尼翁海角。波斯人确实想让希庇亚斯的计划得逞，可惜他们小看了雅典人，其精力和军纪远胜于他们。胜利了的雅典大军立刻离开马拉松平原回到雅典，揭穿了希庇亚斯的阴谋；失败了的波斯军开着战舰在法勒朗附近停下，最终跑回了亚洲。马拉松之战落下帷幕，希腊人守住了自己的城池和自由。爱奥尼亚人也在暴乱之时无惧无畏，制服了敌人。毋庸置疑的是虽然吕底亚君王的统治并不算太严苛，但这也让城市间的政治合作很难进行下去，归根到底还是因为他们有一个传统习惯——互不信任，互相仇视。

西边的斯巴达作为希腊诸城的领头羊，也有建树，它调动起了我们现在说的国民性的情绪。雅典在经历了梭伦和克里斯提尼的改革后，发生了翻天覆地的变化，可没有责任心的波斯之主自然是不愿意看到这种情况的。雅典可以在马拉松之战中大获全胜，也是得益于这种政治教育，大流士一世因此而失败，之后的薛西斯一世也将因此受挫。

在这场极具历史意义的大战中，希腊元帅卡利马乔斯为国捐躯，埃斯库罗斯[1]打出了名声，其兄长基尼吉罗斯也英勇就义。传说，在这场大战中，希腊军里作战的不仅是活着的人，还有那些死在这片土地上的英雄。战事刚起之日，这里每晚都有刀剑声共马鸣声响起，似乎

---

[1] 埃斯库罗斯（Aeschylus，约公元前525年—公元前456年），古希腊三大悲剧作家之一，后世称其为"悲剧之父"，著有《被缚的普罗米修斯》《阿伽门农》《善好者》等作品。他参与了公元前490年的马拉松之战和公元前480年的萨拉米斯之战。——译者注

是远古战场的重现，金戈铁马之声回荡于平原之上。对此，农民们选择相信，而那些好奇心作祟并出门查看的人终将自食恶果，戴蒙斯[1]神迟迟没有降罪于他们，也许是因为那些还未回来的旅人。

在马拉松之战后，达特斯和阿特弗尼斯坐船回了亚洲，埃雷特里亚的战俘被带去了索萨。大流士一世对埃雷特里亚人厌恶至极，因为他觉得是这些人引起了这场错误的征伐之战。但他并没有赶尽杀绝，只是让他们在波斯的阿德里卡地区定居，和基西亚人一起生活。希罗多德说，埃雷特里亚人在这里生活后，直到大流士一世退位，他们都还是用着自己的语言。当亚历山大大帝攻打波斯帝国时，埃雷特里亚后人也为此贡献了一份力量。而斯巴达人传说是在月圆夜动身出发，他们是在第三天到达阿提卡的，动作不算慢，但是马拉松之战早已落下了帷幕。斯巴达人还是去了马拉松慰问米底亚人，称赞他们做事果断，不拖泥带水，随后便返回了斯巴达城。这种局势对于大流士一世而言，可谓是极其扎心了。他们之前攻打撒尔迪斯时，就在雅典人手上吃了亏，现在马拉松之战中波斯又是惨败而归，这样大流士一世更想要将希腊收入囊中了。他让使者传令下去，要求每个城市都备好军队，并且准备多于从前的船舶、马匹。根据希罗多德所说，在使者将命令传达到四周后的三年时间里，整个亚洲都为之震动。直到第四年，于冈比西斯二世时期被当作奴隶的埃及人开始反抗了，波斯王在对付雅典人的

---

[1] 戴蒙斯指身份较低的神，是古希腊神话、宗教和之后古希腊哲学中所说的保护神。——译者注

同时，还得分心对付他们。大流士一世选定其子薛西斯一世为王位继承者后，便打算亲自带兵出征。可在埃及奋起反抗的第二年大流士一世便撒手人寰，他所设想的对付希腊人和埃及人的计划也没能实现。

若是这些在坊间传播的故事和希罗多德说的故事都没有骗人的话，那么希罗多德肯定不会赞成前者中的许多说法。有一个故事是说之所以没有及时竖起盾牌，是因为埃尔克梅尼德家族做了一件事，他们在米提亚德率军出发去往马拉松平原时竖起盾牌，从而把苏尼翁周边的波斯人都引去了法勒朗。这种说法也印证了之前一个流传度极高的和迷信有关的说法——在基轮爆发动乱时，埃尔克梅尼德家族参与镇压，因此而被诅咒。希罗多德觉得这个故事基本是天方夜谭，在他看来，镇压基轮是理所应当的，不过雅典人可以及时到马拉松平原确实要感谢埃尔克梅尼德家族。雅典人的计划并不是天衣无缝的，但他们还是成功将暴君赶了出去。克里斯提尼在这件事中也功不可没，因为若不是他进行了政治改革，雅典人永远不会觉醒，更不会察觉到希庇亚斯的阴谋。而对于之前亚里士托吉坦和哈莫迪丝所制订的刺杀计划，希罗多德是很瞧不上的，因为这两个人的所作所为不过是激起了希帕克斯的亲戚们的愤怒罢了。在这个故事中，埃尔克梅尼德家族所展现出的是爱国精神，不是人们因为受到压制而反抗的斗争精神。他们的爱国精神又被叫作卡利亚斯精神，因为有一次的拍卖会拍卖了希庇亚斯被流放后所遗留的财产，最终是卡利亚斯勇敢地将其拍下。

这场战争让米提亚德名留青史，也让他的人生开始转向悲惨。米提亚德之前便因为收服利姆诺斯一战成名，这次马拉松之战又名震天下，他是第一个让每个雅典人都关注的人。于是他为了自己的新事业，开始利用雅典人膨胀的信心，他告诉大家有这种信心便能得到永恒的富贵。他不会告诉雅典人他想做什么，只要求雅典人专心造船、训练军队，不允许大家对他有任何质疑。在雅典人准备完毕后，米提亚德便带领军队到了纳克索斯岛西边的帕罗岛上，举兵围攻帕罗城，并威胁他们若是不向雅典上贡 100 塔兰特，便直接灭了帕罗城。雅典这次主动宣战的理由是帕罗在马拉松之战中给了波斯人一艘船，这个行为对于雅典来说是一种背叛。希罗多德认为这其实就是米提亚德公报私仇罢了，之前有一个帕罗人在波斯将军跟前乱嚼舌根，他因此而心生怨怼，这才趁机报复帕罗。米提亚德可能对此并没有恨之入骨，也许他在马拉松之战大获全胜后再回想起这件事甚至会感到自豪。十年后，地米斯托克利也因为差不多的缘由去安德罗斯岛（Andros）[1]。帕罗人根本负担不起这样的岁贡，便想尽理由推辞，而且他们还会在天黑后加固城墙，使其坚不可摧。无法攻破城墙的米提亚德很是气馁，于是在围攻帕罗的第 26 天领军返回了雅典，而他这次行动不但没能达成目的，还伤到了大腿[2]。希罗多德觉得是帕罗人导致米提亚德受伤的，当时米提亚德虽然兵临帕罗城，但他心中一直有所疑惑，便和女祭司蒂莫定下密约，只要他听蒂莫的话，蒂莫就能让他心想事成。米提亚德专门去了帕罗城前的一座山和蒂莫见面，但他打不开得墨忒耳神殿

---

[1] 安德罗斯岛位于尤碧椰海北边，属于希腊。——译者注
[2] 也有说是膝盖的。——作者注

的门，只能翻墙过去，他就是在跳下墙的时候，伤到了腿。之后帕罗人便想杀死蒂莫，可蒂莫说自己不过是命运之神的仆人而已，她只是遵照神谕将米提亚德带向黑暗，而且若想杀她那就要先处罚德尔斐神。于是帕罗人便放过了蒂莫，至于米提亚德嘛，没有一个雅典人会对他心生怜悯。

当米提亚德返回雅典时，民怨沸腾，大家都说他是一个大骗子。在一片愤怒声中，伯里克利之父克山提波斯站了出来，指控米提亚德，并要求对他处以死刑。米提亚德是被抬到法庭上的，此时，他的伤口感染严重，无法为自己辩解，只能让朋友代为发声。米提亚德之友很想说大家之所以会被误导，主要还是因为自己有问题，但他不敢将这句话说出来。按雅典人的习俗来说，若是不能避开对自己不利的判决，那就只能接受相应惩罚。有人便向米提亚德提议让他交罚金50塔兰特，这笔钱足够填补这次远征的花销了，他也能因此而避免被处以死刑。米提亚德照做后，法庭也是这样判决的。若是这次米提亚德可以像90年后的苏格拉底那样坚称自己对国家的贡献理应有所回报，要求国家对他的余生提供应有的保障的话，那么他的孩子基蒙也就不会穷困潦倒了。米提亚德的伤势越来越重，他在庭审后不久便撒手人寰了，基蒙本来是有机会借此来避开雅典人强压在他身上的重担的。米提亚德死得并不光彩，他一直想让雅典人变得富裕，雅典人也确实靠着他的大半家产发展起来了，这些都是他费尽心血从帕罗人手上抢来的。没有什么证据能直接证明米提亚德死后堕入了地狱，帕萨尼亚斯这个地理学家和谷物专家也是如此认为的。米提亚德的骨灰被放在了可以让大家回想起马拉松之战的坟墓之中。

关于米提亚德这样一个传奇人物的结局众说纷纭，不过雅典人因为那些对米提亚德欺骗大众行为的指控开始有了争执，他们指控那些指责米提亚德的雅典人。不管是怎样的民主政府，都很愿意看到这样的指控。因为人类总是会站在弱者这边，尤其是那些敢和大部分人站在对立面的人。在这种天性的指引下，我们也许会忽略一个事实——公民服务不该成为违法特权，即使这个公民是最优秀的。满身军功的领袖人物更不应该以此来要求一个违背承诺却不用受罚的特权。而且，尤其是对于雅典的民主而言，一般人的反复无常和得意忘形并不是民主导致的。在民主社会中，一个人的影响力一旦建立就很难崩塌，公民们若是信任一个人，那么即使这个人之后变得无能或是犯错，大家也还是会相信他。同时，在民主社会里，一个人若是被允许改变观点的话，那么他就一定要畅所欲言，只是这样很容易激怒其他公民。一旦民众的愤怒爆发了，那么这个人之前所说的话也许就会被当作是得意忘形之言，若是这个人战功赫赫，那么这种情况就会更严重。不过，我们不能就此断定民主社会中的冤假错案、不公平待遇是最多或是最恶劣的。

虽然有些人会表示不赞同，但我还是要说。大家不能忽略一个现象，那就是雅典人对于一些因他们而引起的错误，总是避而不谈，也不会主动反思。比如锡拉库萨（Syracuse）[1] 人远征失败后，就将责任推给了之前极力劝说他们远征之人。七年后，他们又以一票的优势对那些战胜了阿津诺赛人的将军们用了死刑，随后又把责任推给了之前投机取巧获得票数优势的人，并对其加以处罚。但有一说一，在这些事情中，他们确实也事后追责了，并且对此做出了他们自认为经过慎重的思考后的判决。

统治者经常会带着所有人去做一些他自己并没有完全掌握，或者是无法把控结局的谋划，而且他这样做的时候经常是充满了热情，胸有成竹。若是有了这样的统治者，那么不管他本身能力有多强，结局都会充满意外。没有哪个国家可以在各种情况下都正确地运用国家力量去完成一件大家都不怎么熟悉的事情。若国家或领导者是心无畏惧或是因为高尚情怀才去筹谋的话，那么就应该由谋划实施者来承担责任。对于筹谋者来说，丢了乌纱帽并且受到民众的指责并不是什么严重的惩罚；对于那些家族世代为官的审判官而言，必须有更清明的手段才能做出更严苛的审判。以"雅典政体还在初级阶段，所以需要特别防范那些可能会建立起暴政的事情"为推脱理由，实在是没有什么说服力，这很有可能并不是那时候雅典人的真实想法，也不是向那些在梭伦改革里活了 20 年的人们献媚，最终是克里斯提尼对这种宪政进

---

[1] 锡拉库萨位于意大利的西西里岛，是一座拥有 2700 多年历史的古城，阿基米德便出生于此。这里有很多和希腊历史、文化、建筑相关的东西。其创建者是科林斯人和泰纳斯人。曾经是斯巴达、科林斯的盟友。——译者注

行了改革。

希腊的重要城邦并不想看到这种逐渐成熟起来的繁荣，因此，那些功成名就的领导者更容易变成国家的危险分子，可这也不是逃避责任的借口，问题必须解决。米提亚德或许是被名利蒙住了双眼从而做出了错误的决定，但希腊人若是还有羞耻心也不应该对自己的统帅恶言相向。雅典人既没有阻拦统帅，也没有质疑他，而且雅典人的这种无知更像是要掩饰其恶行，他们觉得失败是一件丢人的事情。所以在侵略帕罗岛的事件中，他们并不是受害者，而是米提亚德的帮凶，最后侵略行动失败了，米提亚德也因此付出了生命。在十年后，地米斯托克利也有过和此相似的行为，不同的是他获胜了，他的所作所为也因此被当作是为之后雅典帝国的建立所做的贡献。雅典人的轻信于人、对败战之将的无理指责，都在向我们证明，雅典的罪恶还是来源于其政体，并且也将存在于任何形式的政权之中。

对抗专制统治或是独裁专制主要是针对可能会完全被统治阶级所利用的国家机器，也就是说，反抗只是针对那些把政权当作了特权且不负责任的领导者。而会出现这种错误制度的除了专制和贵族制度外，还有可能出现在全体公民都掌握政治权利的情形中。虽然每个人都有选举权，但是这并不能消灭腐败贪污的情况，因为人总是自私的，很多人想的都是怎样让自己的利益最大化，根本不在乎别人。若是按照我们现在所理解的"全体公民"这个术语，那么以前的雅典其实是从未让全体公民都拥有政治权利的。比如大家都知道的梅蒂基人就是外来居民，虽然他们人口数量大，但并不属于公民，还有就是奴隶也不是公民。所以任何一次政治变革或是军事征伐都只和戴默斯阶级[1]以及统治者阶级的利益相关，和阿提卡的居民们无关。如此一来就能发现，从某些方面来说，民主会导致无能和腐败，别的政治形式也是如此。只有把权力当作责任而不是特权的时候才能出现真正的为民着想的统治，但只有寥寥几位政治家有此想法。公平治国最开始的时候是因为信念成长而出现的，我们认真观察就会发现，若是不能保证领土中国内每个阶级的利益，并且推动其发展的话，那么国家的未来就会岌岌可危。雅典人一味听命于米提亚德，这只能说明当时还没有出现以国家利益为先的无私奉献精神，所以这种自私贪婪的行径才没有遇到抵抗。雅典人在信任领导者的同时，忘记了自己有监督之责，他们必须用国家的公信力和权力来确保各项政策能够顺利推行。

---

[1] 戴默斯阶级就是公民阶级。——作者注

07 入侵者薛西斯一世

接下来我们要进入的是一段波澜壮阔、图景清晰的历史，希罗多德将其视作史诗，在这段历史里薛西斯一世和西边的希腊人纠缠不休，战火纷飞。根据希罗多德的描述我们可以发现一种与种族或是宗教相关，抑或高于政治的意图，它忽略了政治的动机和其发展方向。他们追求实际，用侵略抢夺表示诉求，是一种典型的神话时代的作风。民族斗争一定是具有历史意义的，如果在民族斗争中写一些虚构的战争或是英雄人物，那么它就会更加生动形象。在相继发生的事情中，每一步、每个转折都有着预兆、奇迹，甚至是神灵、英雄都参与了干涉。在一些故事里充满了轻信，甚至还有编造的成分，然后向世人展示了一个个神奇又迷人的历史故事。希罗多德呕心沥血去追寻各种历史线索的时候一定是将历史还原了的，虽然这些线索是断断续续的，但它们所展示的是在这场战争中一个个真实发生了的历史事件。

根据希罗多德的描述，薛西斯一世在刚开始的时候并没有按照他父亲大流士一世所构想的伟大事业去做事，他也没想过去攻打希腊。从他这两年的备战中可以发现他的目标是再度收复埃及，而不是侵略欧洲。备战结束后，薛西斯一世立刻带兵向他垂涎已久的地方出击，冈比西斯二世已经给埃及戴上了脚镣，薛西斯一世则是将它锁得更紧，然后他把埃及交给了兄长阿切米尼斯[1]管辖。在大流士一世在位期间，因马其顿之战失败而下落不明的马多尼奥斯曾经在薛西斯一世远征埃及前劝他要先对付雅典，在欧洲开疆拓土，毕竟那里有良田沃土，地广物丰，波斯应该将其收入囊中。有传言称，马多尼奥斯之所以这么劝说薛西斯一世是因为他想坐上欧洲总督的位置，但是又不愿意被别人发现他的企图。于是阿卢阿戴[2]家族的塞萨利酋长们帮理不帮亲，站出来带头反抗其族人马多尼奥斯。而庇西特拉图王朝依旧是致力恢复自己的统治。虽然没有确切的证据证明这些事实，希庇亚斯也许也在马拉松之战中受挫气馁了，但是几个被散布预言之人养大的孩子强烈要求薛西斯一世召开王族大会。在这次大会上，薛西斯一世告诉出席者，波斯政权要想永垂不朽，就只能选择不断进攻。他坚称欧洲境内没有能和希腊民族相抗衡的，因为希腊人意志坚定又聪明且拥有着各种资源，部落一旦攻克了希腊人，他的事业将畅通无阻，天下尽归波斯。薛西斯一世在这次演讲中所表达的决心是不容动摇的，但传说马多尼

---

[1]　阿切米尼斯是大流士一世之子，也是薛西斯一世的兄长。波斯攻下埃及后，担任埃及总督的人就是阿切米尼斯。——译者注

[2]　阿卢阿戴是塞萨利地区最大的家族，自称是阿留斯的后裔。——译者注

奥斯则认为这是在让各酋长发表自己的想法，并且认为薛西斯一世是在承认自己的无能。他觉得薛西斯一世应该自信一些，因为只有希腊人会一直主动让其他民族来攻打他们。他们不在乎合作，一生就只为了争夺几块土地，这毫无意义，只要波斯大军攻打他们，他们就会主动认输。马多尼奥斯的演讲并没有得到任何反响，而第一个说话的是波斯人。大流士一世的兄长阿尔塔巴努斯一直让手下的军队小心谨慎。他认为任何一片森林都有警示之意，砍树的时候不能随便乱砍，动作要利落或是直接连根拔起，而且也不可以砍树苗。阿尔塔巴努斯才安顿好，薛西斯一世便说他是谨小慎微，只知道待在索萨安稳度日，因此要惩罚他。但是薛西斯一世说出去的话比他自己所想的更有用，就在大会结束的当天，他遇到了梦神。他在梦中见到了《伊利亚特》里的希腊元帅阿伽门农[1]，阿伽门农告诉他若是他不去实现自己想做的事情，危险便会降临到他的头上。这和《伊利亚特》中阿伽门农下达了与宙斯神谕相反的命令的故事一样，薛西斯一世决定不去攻打希腊了，便让宗亲们都乖乖留在家里面。他再度见到了梦神也收到了警示，若是他一意孤行违背神的意愿，那么他将会失去所有的荣耀。薛西斯一世对此将信将疑，于是他求阿尔塔巴努斯穿上王袍，戴上王冠，然后躺在榻上，心里想着若是梦神所言非虚的话，那么他一定会来到床边，即使床上躺着的是别人。阿尔塔巴努斯在知道薛西斯一世的经历后告

---

[1] 在希腊神话中，阿伽门农是迈锡尼国王的儿子。他想霸占爱琴海，便以其弟墨涅拉俄斯之妻海伦被特洛伊王子帕里斯强行带走为由，发动了特洛伊之战。——译者注

诉他这只是日有所思夜有所梦罢了，为了证明这一点，他打算用自己的梦境做证据，因此他十分积极地配合着薛西斯一世。然而梦神还是来了，他的手里拿着烧红了的烙铁，缓缓伸向榻上之人的眼睛，这个动作着实吓到了阿尔塔巴努斯，这下也许他自己都不会相信日有所思夜有所梦这个说法了。

希罗多德说薛西斯一世冲动至极，一意孤行，为了一个遥不可及的目标，几乎耗尽了整个波斯帝国的人力、财力、物力。如今波斯帝国的版图和居鲁士二世时期相比，东边的分界线已经扩大到了尼罗河大瀑布与爱琴海周边的几座岛屿上。波斯的各位将军在塞萨利士气满满，没有打过一次败仗，收服了色雷斯和马其顿的诸多部落。波斯人觉得以马拉松之战失败而告终的达特斯远征，严格说来不过是一场海上争斗，但薛西斯一世这次想做的则是倾尽波斯陆军之力，在陆地上战胜希腊，这时候他的舰队其实已经比之前强大许多，但他只让战舰在海上辅助而已。他们在博斯普罗斯河与斯特里蒙河之间搭好了木桥供陆军通过，薛西斯一世还下令把阿托斯山改造成了一个岛屿，这样不但能让马多尼奥斯的舰队不再遇到之前的风浪灾害，还能避开山脚之下的锋利岩石。

在索萨的一条小河边，薛西斯一世踏上了自己的征程，而这条河也是越来越宽。其他城邦的军队不约而同地在卡帕多基亚[1]的柯里塔勒碰头，然后横渡哈吕斯河，向塞萨纳出发。皮西厄斯以前就是在这里

---

[1] 卡帕多基亚位于小亚细亚半岛中部。——译者注

向大流士一世献上用金子做成的梧桐树和葡萄树，而现在，他也一样重视波斯军的到来，这无疑是给了薛西斯一世一个惊喜。薛西斯一世是一个极宽容的人，皮西厄斯便很得意。薛西斯一世在次年春天准备离开撒尔迪斯时，天现日食，皮西厄斯大惊失色，连忙请求薛西斯一世留下他和他的五个儿子中的一个，让他们能待在家中，薛西斯一世自然是不会答应的，而且还训斥了他。身为波斯帝国之君的薛西斯一世都能长途跋涉，忍受旅途艰辛来到这里，准备攻打希腊，皮西厄斯居然在这时候让他为了一个奴隶赦免军队劳役，这对于薛西斯一世而言，实在是太过分了。最终薛西斯一世念皮西厄斯之前也是恭敬、大方，便没有下旨杀了皮西厄斯和他的儿子们，只是砍下了那个想待在家里的儿子的双手双脚，将其挂在波斯大军经过的道路上，当作惩罚。

薛西斯一世到达撒尔迪斯后便派出送信官到希腊各城之中，唯有雅典和斯巴达不在其列。这是波斯人之前就已经做过了的，其缘由我们也在第 6 章中交代过了。马多尼奥斯来到达达尼尔海峡后，没有急着去报复雅典人，而是将精力都放在了解决爱奥尼亚各城暴君和建立民主社会的事情上。而薛西斯一世这次在踏上欧洲大陆前，于这里经历了一次巨大的挫折。腓尼基人是用麻绳将船全部绑在一起，充当一座桥梁[1]，但埃及人用的是以纸莎草纤维编成的绳子，这便为他们之后的惨痛经历埋下了伏笔。暴风雨毁掉了船只，薛西斯一世直接处死了桥梁技师，然后让士兵们用鞭子抽达达尼尔海峡的海水 300 下，借此

---

[1]　就是船桥。——作者注

表明自己的决心：不管达达尼尔海峡这里有多少阻碍，他都要跨过去。经过这件事后，薛西斯一世更加留心于船桥的搭建工程，以确定其稳固性。可更重要的是，对于西边的希腊人来说，薛西斯一世是他们看到的第一个致力于完成这个挑战的人。曾经大流士一世也在这里建造了船桥，但现在已经不知踪影，他在塞西亚人土地上的那些令人发指的行为也都被掩盖住了。

薛西斯一世向着撒尔迪斯出发了，在这一路上我们可以看到很多让人惊讶不已的场景，比如在挂着皮西厄斯儿子手脚的路上载着行李和波斯人的马车的车轮开始转动，波斯附属国的军队紧跟其后，位于这里的人数大概是附属国军队总人数的二分之一，场面极为混乱。在一段距离后跟着的就是波斯精英骑兵和投掷手，各有 1000 名；之后便是从尼萨的米底亚平原选出的神马，一共 10 匹；最后则是普通人根本不能登上的宙斯战车。战车两边跟着战车御手，他们负责掌控缰绳；战车之后便是薛西斯一世的座驾，拉车的骏马都是从尼萨挑选出来的，车后跟着数千位波斯帝国的皇室宗亲；在他们后面则是一万名骑兵和一万名精英步兵，他们手持长矛，其顶上插着金色、银色的石榴和苹果；最后便是浩浩荡荡的装甲骑兵和附属国的其余军队了。波斯大军顺着艾达山左边前行，经过伊利安平原，来到别迦摩山顶，薛西斯一世在此举行了庄严的祭拜仪式。当他们终于来到阿比多斯古城时，薛西斯一世瞬间神采奕奕。他坐到了高高在上的用白色大理石做成的王座上，这是他之前下令建造的。薛西斯一世坐在这里看见下面的舰队正在举行模拟演练，西顿人取得了胜利；也看见底下站着的浩浩荡荡的大军，皆是响应他的号召而来。薛西斯一世对所有人说，此时，他是世上最幸福的人了，随后他却放声大哭。阿尔塔巴努斯问他为何而哭，薛西斯一世坦诚地说是因为自己想到了百年之后这些军队里的人都已经死去，他是为死亡而落泪。

阿尔塔巴努斯听完之后，对他说道："死亡并不是这世上最悲伤的事情，人的一生正是因为有了生老病死、喜怒哀乐，所以才会显得那么漫长。和人活着要经历的事情相比，死亡应该算是一种解脱了。"

薛西斯一世又说："嗯，你说得对，我们现在掌控着最好的时机，不应该为不着边际的事情浪费精力，我们不聊这些了。我倒是想问问你，若是你那天睡在我的床上没有看到梦神的话，那你会不会继续相信日有所思，夜有所梦呢？我要听实话！"

阿尔塔巴努斯只好说道："应该不会了吧。只是，我还在想一件事，因为在我看来，针对陛下的是两种强大的力量。"

薛西斯一世连忙问道："你这话是什么意思？难道是希腊大军比我们军队的人数还多？或者是我们的舰队不如他们的？若真是如此，我们便要再招募几批军队了。"

阿尔塔巴努斯回答说："陛下说得都不对，而且若我们再扩大军队的话，这两股力量也会更强大，因为它们就是陆地和海洋。大海之上一望无际，没有避风港，战舰若是突遇暴风雨，便无处藏身；陆地上也充满着各种对我们不利的因素。陛下若是一意孤行地继续走下去，那么您一定会遇到越来越多的阻碍。我们的军队从来都不会满足于侥幸，这次的征程实在太长了，再这么走下去，军队里一定会发生饥荒。"

薛西斯一世听完这话，反驳道："你说得确有道理，但无济于事，如果我们不把握住机会的话，那么我们将和成功失之交臂。做事就要放开胆子去做，畏首畏尾的话便什么也做不了。而且，失败和成功的可能性是一样的，我们有可能遇到灾难和挑战，但也有可能取得成功。"

薛西斯一世的话并不能说服阿尔塔巴努斯，他还是坚持着自己的观点，请求薛西斯一世不要找爱奥尼亚人去对付希腊人，因为他们都是亚洲同胞。阿尔塔巴努斯坚持道："如果爱奥尼亚人听从您的诏令投身波斯军营的话，那就只有两种可能，一是他想凌驾于自己族人之上；二是他想可以有机会掌权，放走自己的亲戚们。第一种情况对我们而言并没有什么好处，第二种情况则会侵犯到我们的利益。"

对于阿尔塔巴努斯的这些说法，薛西斯一世觉得他是被蒙蔽了，有可能是因为大流士一世就是在远征途中驾崩的，也有可能是因为当时爱奥尼亚人守住了多瑙河桥边的船桥才拯救了阿尔塔巴努斯的国家。最终薛西斯一世将阿尔塔巴努斯派去索萨负责招兵买马的事情了。

次日清晨天刚亮，薛西斯一世洒酒入海峡，以此拜日神。他已下定决心，不论经历何种困难险阻，他都不会后退，一定要完成这次远征之行，收服整个欧洲。在横跨海峡的船桥上飘起了乳香四溢的青烟，薛西斯一世走上了桃木树枝铺路的船桥，他脚上的帆布靴是他在离开撒尔迪斯时穿的，如今他也穿着这双鞋从亚洲踏进了欧洲，但是有很多奇妙的迹象都在暗示着薛西斯一世这样一个传奇之人是踏上了毁灭之桥。当一头母驴生出了一只野兔后，希罗多德便坚信这一场充满了野心的战争最后会以羞辱和惨烈收场。

　　薛西斯一世根本没察觉到山雨将至，波斯舰队也离开了阿比多斯往西而行。在这个时候，波斯陆军向东而行，经过少女的墓地，这片海峡正是以她的名字——达达尼尔来命名的。波斯军最后来到了多锐斯克斯[1]，这里有着辽阔的平原，黑布勒斯河便是经过这里流进达达尼尔海峡的。薛西斯一世为了清点军队人数，便将一万名士兵安排在一个较小空间中，然后把这里围了起来，里面的士兵摩肩接踵，挤成一团。随后薛西斯一世用这种法子清点了数次，最终确定在这一次的军队中，步兵都有 170 万人了，这个数字确实很惊人。以此来看，就算最后清点出来大军人数为 1700 万，也没什么好惊讶的了，最让我感到吃惊的还是波斯海军竟然有 1207 艘战舰。关于这个数据，希罗多德的作品中有相关记载，埃斯库罗斯所创作的戏剧里也提到了波斯大军的人数。大家都知道希罗多德是很熟悉埃斯库罗斯的这部戏剧的，而埃斯库罗斯也坚信并且断言波斯的海军战舰只有 1000 艘。他的确说过，波斯战舰中有 207 艘战舰的速度是极快的，但是他并没有说这 207 艘战舰是不包含在那 1000 艘战舰之内的。

　　虽然如此，但埃斯库罗斯的资料来源和希罗多德并不相同。腓尼基人打造了 300 艘战舰、埃及人打造了 200 艘、基利吉亚人打造了 100 艘、黑海周边城市打造了 100 艘、帕姆菲利亚人[2] 打造了 30 艘、利基

---

　　[1]　多锐斯克斯位于爱琴海北部，是古希腊色雷斯人的居所。波斯二度进攻希腊后，这里便被波斯人所掌控，是波斯在欧洲的最后根据地。——译者注

　　[2]　帕姆菲利亚人是小亚细亚南边的古希腊部落中人。——译者注

人打造了 50 艘、凯普里亚人打造了 150 艘、卡里亚人打造了 70 艘，爱琴海岛民提供的战舰数量只有 17 艘。若是依埃斯库罗斯所说，这 1000 艘战舰几乎都是雅典人做出来的，那么我们就需要考虑到一个问题，在埃斯库罗斯总结这些数字的时候，也许有人误解了其中一些数据，并以此当作那些理想化结果的依据，最后希罗多德便根据这些数字去讲述那段历史了，这并不是一件稀奇的事情。但更有可能的是在一份假冒的名单中有一些清晰的数据，也就是爱琴海居民所提供的 17 艘战舰，西方的希腊人都知道波斯舰队是他们的亚洲同胞[1]打造的。东方的希腊人和爱琴海岛民一共给波斯提供了 207 艘战舰，这是一个事实，所有的压力都是在这个事实上产生的。埃斯库罗斯觉得这 207 艘战舰是速度最快的，其中除了爱琴海岛民提供的 17 艘外，有 100 艘是爱奥尼亚人提供的，有 60 艘是艾厄尔斯人提供的，有 30 艘是多里安人提供的。这些也就是埃斯库罗斯唯一能肯定来源的战舰。

　　埃斯库罗斯所记载的这些数据似乎是想告诉我们，这一段历史依据被加进虚假的战舰总数当中，而其中速度最快的战舰是希腊人所创造的，远胜于腓尼基人，这让我们隐约看到了希腊人的某些骄傲。虽然在历史上有关于这 207 艘战舰的记载是在埃斯库罗斯所创作的戏剧中，波斯在萨拉米斯参战的战舰总数是 1000，是其中包含了这 207 艘战舰的 1000 艘战舰。希罗多德却认为，这 207 艘战舰是波斯当时拥有的全部战舰，他坚称在战争中损毁的战舰共有 647 艘，波斯只缴获了

---

[1]　就是东方希腊人。——作者注

120 艘。如此一来，可以发现所谓的 1000 艘的数据只不过是东方人的一种美化而已。

众所周知的是之后薛西斯一世带领 582 万陆军远赴瑟莫皮莱，行伍间还有许多女性。这些数字表明当时薛西斯一世不管走到哪里都让人印象深刻、难以忘记。修昔底德也是说虽然他自己是这段历史的经历者，但他也不能确定究竟有多少人参加了曼提尼亚[1]之战。所以，薛西斯一世在多锐斯克斯清点了大军人数这个说法确实不合情理。

其实，虽然希罗多德坚信自己所说的波斯拥有百万大军一事是真的，但他还有一个更崇高的目标，并且以一种特别的叙述方式告诉了大家。薛西斯一世在清点完军队后就让人去把被流放的斯巴达君王德马拉托斯请了过来，然后问他希腊人究竟有没有胆量和波斯大军对抗。德马拉托斯则是反问薛西斯一世是想听真话还是假话。薛西斯一世选择了前者，并且答应不会问罪于德马拉托斯。德马拉托斯便告诉薛西斯一世，希腊人可以摆脱贫困与暴政，依靠的正是他们的勇敢，而这份勇敢是来源于他们的过人智慧与完善法律，所以就算抛开别的因素不谈，哪怕希腊人只有不到 1000 人，也一定会和波斯军抗争到底。

对此，薛西斯一世的回答是："连 1000 人都没有还敢来和我们作对？你以前也是他们的君主，我倒想问问，你会带着 10 个人去打仗吗？要知道，即使是手握几万人，但只要他们不守军纪、没有指挥，也不可能打得过我的波斯大军的。如果希腊人被鞭子赶着上战场，也许他

---

[1] 曼提尼亚位于古希腊的阿卡迪亚，这里发生了两次曼提尼亚之战。——译者注

们能以少胜多。但别跟我说什么自由，希腊人根本做不到这些。就算他们的人马和我们一样，他们也不一定能战胜我们，波斯的长矛君可以以一敌三。你会说出这样的话，实在是因为你自己蠢钝无知！"

面对激动的薛西斯一世，德马拉托斯用最简洁的语言说出了自己的想法——真相往往是让人难以接受的。他还说薛西斯一世也曾败在希腊人手上并且还被赶到了一个无比陌生之处，所以无论他怎么夸奖希腊士兵的优秀品质都是不过分的。"我确实不会带 10 个人上战场，我也不觉得自己只带一个人就能打仗，我没有这种自信和信念。一个斯巴达人和别人并没有太大区别，可一旦所有的斯巴达人都聚在一起的话，他们将拥有世上最强大的力量。斯巴达人确实是拥有自由的，可他们也拥有统帅，那就是法律。斯巴达人对法律的敬畏远胜于波斯人对您的敬畏。法律规定了他们要去做很多事，但最基本的就是不可以临阵脱逃，不可以半途缴械，要誓死捍卫自己的领土！"

这两位君王的对话区分了什么叫敬畏，什么叫自愿遵从，并揭示了一个真理——以暴力手段而得到的力量永远不可能战胜因为道德内心的驱使而产生的力量。小部分人掌权的暴政就和拿破仑的行为一样，虽然拿破仑也知道光有人和武器并没有什么用，重要的还是士气。拿破仑可以掌握大权，主要还是因为他口若悬河、能说会道，可以调动士兵们的情绪，点燃他们的热情。从这场对话中我们也可以发现，即使薛西斯一世可以拥有拿破仑那样的口才，他也不可能惩罚世界！就连居鲁士二世也在很早的时候就警告过薛西斯一世，波斯帝国并不是依靠那些被强行押到战场上作战的士兵才建立的。和东方世界的君王一样，薛西斯一世也犯了一个错误，那就是没有把自觉、自发形成的力量和因强迫而形成的力量区分开来。

波斯陆军自多锐斯克斯启程，一路上十分顺利，只是在山区中遇到了一些色雷斯氏族的攻击，但这并没造成什么影响。他们到了斯特里蒙河边的伊昂[1]城，当时这里由波斯总督博吉斯管辖，应该是迈克比佐斯让他留守于此处的。斯特里蒙河上早就建好了桥供波斯军通行。为了求一个好兆头，薛西斯一世把从乡下抓来的 16 名少男少女活埋了，随后离开了"九条路"——将来的安菲波利斯所在处。波斯大军经过埃基多勒斯河旁的广阔大地后，终于到达了瑟迈[2]，延伸到阿里阿克蒙河[3]两边的陆地上，然后在这里安营扎寨。薛西斯一世遥望西、南两方，看着远处的山脉，奥林匹斯山和奥萨山高耸入云，佩尼厄斯河自山中的皮立翁峡谷流出，奔向大海。而皮利翁峡谷沿着海边延伸，不久后薛西斯一世便会在这里接受无形之神的怒气。薛西斯一世看着海岸边高高耸立的岩石，眼神中满是好奇。传说他还曾经问过身边的手下，现在能不能像居鲁士二世报复金德斯河那样对付佩尼厄斯河。塞萨利的阿卢阿黛部落是所有臣服于薛西斯一世并将自己的土地河流拱手让出的部落中最热情的一个。薛西斯一世也清楚他们住的地方地势较低，

[1] 伊昂位于斯特里蒙河口，是埃雷特里亚人在古希腊马其顿地区建立的殖民地，也是伯罗奔尼撒之战中雅典人的军事要地。——译者注

[2] 瑟迈位于爱琴海东北边的瑟迈湾，是科林斯人（也有可能是埃雷特里亚人）在公元前 7 世纪建的，之后被马其顿纳入版图。——译者注

[3] 此河共有 185 英里长，是希腊境内最长的一条河流。——译者注

如果把河口全部堵上，那么这里将会变成海洋，而且这里四周都是高山，所以没有人可以逃出去。薛西斯一世也不傻，他知道塞萨利人为什么要不停地讨好他，对待这些弱小的部落，他向来都是见好就收，在有侵略者入侵时，他也总是会站在侵略者的对立面。

薛西斯一世自坦佩回来后，被迫要在瑟迈停留一些时日，他派出先锋部队沿着山路将树木全部砍掉，造出一条小路。之后，薛西斯一世带领着陆军部队再出发去往戈诺斯。大军走了 11 天后，波斯的舰队仅用了一天的时间便来到了皮立翁的迈格尼夏，并且在那里停留了几个小时，感受到了北风之神波瑞阿斯[1]的愤怒。直到现在，薛西斯一世这一次的行动都算得上是顺风顺水，没有任何意外，不过据说即将出现一个迹象表明他之后将会遇到棘手难题，但按照目前的情况来看，这个说法的可信度还有待考证。

在接下来的故事中，西方希腊所发生的战争会决定之后雅典和斯巴达在战争中的地位。雅典和埃吉那之间一直存在着各种争端，交战也成了它们的常态，但这还是有一个好处的，那就是让雅典人将军队重心放在了海军上。埃吉那和雅典的争执主要是贵族寡头政权和民主或人民政权的矛盾。雅典的贵族首领们杀害了约 700 位平头老百姓后，败在了雅典的民主政权上；埃吉那的统治者们比较幸运，因为埃吉那靠近大海，所以他们从海上攻击雅典的时候，雅典舰队根本没有准备，

---

[1]　在古希腊神话中，阿尼米指的是四个风神，他们掌控着四季和天气，北边是由波瑞阿斯掌管，他也是冷空气的代表。——译者注

失去了四艘战舰及战舰上的人员，这样一个惨痛的教训让雅典人刻骨铭心。其实雅典的政治家地米斯托克利，在执政期间一直都绷紧了神经，时刻都在提醒雅典人。他甚至主张推出新政，发展海军，但雅典人对此很是反对。地米斯托克利也和另一位政治家阿里斯蒂德因此有了分歧，而且就连阿里斯蒂德本人也承认，他和地米斯托克利都让雅典经历了很多危险，他还说过如果雅典人足够聪明的话，就应该立刻把他们丢到专门惩罚犯人的勒思朗峡谷里。阿里斯蒂德最后被流放是因为在民主政权中产生的陶片投票法，雅典人也以此坚称和旧的保守理论相比，新的政策更具有创新性和变化性，所以应该被优先运用。地米斯托克利一直都在坚持使用新政，他告诉雅典人民，薛西斯一世为了完成其父大流士一世的事业而做了怎样的准备，让希腊人相信波斯人已经将他们作为了下一个攻打目标，希腊必须准备好去迎接腓尼基舰队和波斯陆军的攻击。

大流士一世的远征计划，最开始是因为埃及爆发动乱而不得不推迟，后来他撒手人寰，这个计划当然就要由薛西斯一世来执行了，而薛西斯一世又耽误了很久才带兵离开索萨，这是有利于雅典和地米斯托克利的。在此期间，雅典开采劳力昂[1]银矿，积累了大量财富。在庇西特拉图王朝实行独裁专制期间，他们基本没有动用这些矿产。克里斯提尼进行宪法改革，让雅典政治有了新的活力，而开采矿场也增加

---

[1] 劳力昂位于阿提卡地区东南部，这座银矿的发现和开采让雅典得到了大量财富。——译者注

了雅典的经济收入，所有的雅典人都因此获利，每个人都拿到了 10 个德拉克马[1]。可是地米斯托克利主张大家不应贪图这些小便宜，应该直接用这 30 万德拉克马建造 200 艘战舰，然后以此来对付埃吉那人。希罗多德一直强调，正是这些战舰挽救了希腊。

我们不能说希腊的每个城邦都像雅典这样爱国，但一些城邦确实已经出现接二连三的战争和争执，这对于城邦发展来说并没有任何好处。在科林斯举办的大会上，各城邦国家达成共识——波斯大军压境，大家应该团结一致。之前埃吉那人因为和雅典人不和，所以一直被排挤在外。希腊人也一直都保持着孤立的性格。希腊的很多城邦都和波斯有着千丝万缕的关系，一提到腓尼基舰队，那些曾经不向波斯投降的城邦都瑟瑟发抖，不敢与之交手。而这一次发挥主导作用，点燃希望的是雅典人。希罗多德也说过，若是雅典人向波斯投诚的话，那么希腊根本不可能打败波斯舰队，斯巴达人也无法打赢陆战。因此，在拯救希腊这件事情上，雅典人起了决定性作用。希罗多德的观点是很有价值的，他自己也相信其真实性，虽然他知道这个观点会激怒很多人。

对于希腊而言，整体局势确实不容乐观，希腊盟军在科林斯大会后便派了三名侦察兵去探察在撒尔迪斯休整的波斯大军，而这三名士兵也没有带回任何有用的信息。这些年来在亚洲大陆上一直有波斯要大举侵犯的消息，波斯大军一路上只要经过希腊的地盘，就会让当地的百姓交出所有粮食。这三名侦察兵在探察波斯大军时被抓住了，不

---

[1]　古希腊的银币。——作者注

过薛西斯一世并没有杀了他们，而是派人带他们去参观了波斯军营，然后就把人放了，没有动他们一根毫毛。这三人也觉察到了灾难的迹象，用一些夸张的迷信说法来表达自己的恐惧，他们刚进入德尔斐神殿便收到了这样的答复：

> 不被幸运之神眷顾的人啊，为何还要坐在这里？快走吧，离开家乡才能活下去！
>
> 五体皆无声息，悲惨在弥漫。
>
> 叙利亚的战车带着水和火飞奔而来，将要毁天灭地！
>
> 城池都将经历毁灭，无论是你们的，还是别人的。
>
> 那些供奉着永恒之神的神殿将被付之一炬！
>
> 神殿周围的墙上会出现大颗大颗的水珠，那是神在害怕，在颤抖！
>
> 至于你们，一定要离开！站起来吧，勇敢地去对抗罪恶！

这三个人被这样的回答吓到了，占卜师出言安慰了几句，并让他们重新抽签。他们都希望这一次抽到的是上上签，如果不然，他们便在这里一直等下去。而这一次他们得到的回答是：

> 雅典娜劝说不了奥林匹斯山上的宙斯，无论她怎么祈求祷告。
>
> 宙斯的回答就像我现在给你们的回答一样，决不会改变。
>
> 宙斯说，就算凯克洛普斯土地上的东西都已经耗尽，也不能把支撑墙的木头拿走，因为它是你和孩子们的唯一指望。
>
> 不要坐以待毙，现在便走，终有一天你们会遇到。

庄严的萨拉米斯[1]会毁掉那些妇女诞下的孩子，时节也会来到，或是春种或是秋收。

这三人回到雅典后就将神谕公之于众。神谕告诉了雅典人为何要坚定不移地向前发展，这和地米斯托克利的政治主张不谋而合。他一直都想发展雅典的海军，让其变得更加强大。综观他在执政期间的表现，也能发现他一直都在试着用各种方法去实现自己的目标，没有任何顾忌。因此，在三人读完神谕后，地米斯托克利就立刻说道："雅典人民，神让你们背井离乡逃到其他地方是不对的，老年人让你们留下来保家卫国也是不对的。神之所以提到木墙，是因为以前的木墙旁边都长有荆棘，而占卜师已经说过雅典在萨拉米斯海战中会失败，并且将萨拉米斯说成是孩子们的葬身之地，他是在故意误导你们。神谕的本意并非如此，若这份神谕是上天给我们的回答，那占卜师便不会把萨拉米斯称作是'庄严的'，他会用'残酷的'来形容这里，所以这份神谕说的其实是我们的敌人。让我们为即将到来的海战做好充足的准备吧，战舰便是我们的木墙。"回想一下克里昂米尼一世为了把庇西特拉图王朝赶出雅典的所作所为，如今地米斯托克利用的是同样的方法，他应该也不会失败。在德尔斐神谕的激励下，地米斯托克利继续给雅典人灌输他的信念——只要坚持对的方向、对的方针，那么雅典一定会

---

[1]　位于萨罗尼克湾，是这里最大的一座岛。公元前480年，希腊和波斯在此开战，薛西斯一世战败。——译者注

是最后的赢家。为自己的辩论加入特定的背景是地米斯托克利所处时代的智慧，而他的后人也会继承并发扬这个辩论技巧。

虽然地米斯托克利说服了大家，但是雅典民族还没有真正建立起自己的民族意识，在科林斯大会上除了斯巴达外，其他城邦都直接表示哪怕是脱离联盟，他们也不愿意被统治。在爱国主义的驱动下，雅典人放弃了他们的某些主张，虽然希腊社会已经是四分五裂，但雅典人为了维护它愿意付出任何代价，包括家园、领土、城市，雅典人都可以放弃，现在他们也不指望阿尔戈斯人和彼奥提亚人了。身为英雄珀尔修斯（Perseus）[1]后裔的阿尔戈斯人宣布会将波斯人当作自己的亲人，当两方交战，他们会保持中立。彼奥提亚的首领们掌控着一些叛逆之人，他们不喜欢遵守希腊的政策，并且态度悲观。科尔基拉人在科林斯大会上看到了三个打探消息的雅典人，并且表示愿意随时出兵相助，不过他们后来派出的60艘战舰都被海军首领停在了海上。他们坚信波斯人会打败希腊人，若真是如此，他们就能以此为借口说自己并没有出兵，从而向薛西斯一世投诚，他们还说若是真的出兵，那么结果就会改变。但如果希腊人侥幸获胜，他们就可以说，是因为逆风的阻挡，所以他们无法全速前行来到伯罗奔尼撒海角[2]，同盟派出去

---

[1]　在古希腊神话故事里，珀尔修斯是宙斯和凡人戴娜所生之子，他一手创立了迈锡尼和珀尔希德王朝，是希腊最伟大的一位英雄人物。——译者注

[2]　位于希腊南部半岛。半岛上共有三个行政区——伯罗奔尼撒区、西希腊区和阿提卡区，其中伯罗奔尼撒区管辖范围最大。——译者注

求见锡拉库萨君王革隆（Gelon）[1] 的使者们也没有结果。他们提醒革隆若是不出手帮助希腊的话，一旦希腊被波斯帝国所收服，那么西西里的大门将会对波斯敞开，唇亡齿寒。

革隆对此很是气愤，指责希腊人太过自私，之前都不答应帮他们对抗迦太基人。不过，革隆还是表示愿意出兵帮助希腊，并且负责这次征战的所有花销，他只有一个条件，那就是在这次对抗波斯的战斗中以他为领袖。斯巴达使者对此很难接受，他说道："若是阿伽门农听到锡拉库萨要抢走斯巴达人的荣耀的话，他一定会很心痛。我们斯巴达是不可能将领袖之位拱手让予他人的。"不过革隆并没有因此而生气，他说道："这位斯巴达的朋友，你的话确实让人生气，但我并不会对你发脾气。我可以修改一下我的条件，斯巴达人可以从海洋和陆地中选择一样统治，剩下的就交给我来掌控。"这时候雅典的使者立刻表示了反对，他说虽然雅典人会服从于斯巴达人的陆战之战，但雅典决不会让出海上主权。革隆不再和他们争辩，只说希腊盟军的成员似乎都想做领导，而不想服从领导，他让使者们回去告诉希腊人今时不同往日，不要再浪费时间。希罗多德对此说法的态度是比较赞成的，但他也相信还有另一个版本。依西西里人的说法，当时革隆拒绝帮助希腊并不是因为锡拉库萨和斯巴达人抢夺领导之位，而是因为哈米尔卡（Hamilcar）[2] 正带领迦太基大军攻打锡拉库萨，其军队规模不

---

[1]　迪诺门尼斯之子，迪诺门尼德王朝的开国之君。——译者注

[2]　迦太基麦格尼德王朝之君。——译者注

亚于波斯大军，所以自顾不暇的锡拉库萨根本无力再帮助希腊。但是，革隆拿出了一些钱财给希腊，他们便用这笔钱去德尔斐神殿祈求神谕。

一路受阻又不愿和敌人做朋友的希腊人，现在要做的第一件事就是把守希腊各关口，并设立障碍以抵挡入侵者，其中最重要的就是坦佩关口。塞萨利人积极配合，想出了守护关口的办法，尽显其智慧。进入坦佩峡谷的小路长约 5 英里，最宽不过 20 英尺，路上有些地方甚至最宽之处也只有 13 英尺。地米斯托克利在这里部署了一万兵力，皆是重装兵，大家都觉得等波斯军走到这里的时候，可以将其拦腰截断。可很快就有人想起来，在珀雷宾人居住的戈诺斯镇的西边还有一条路可以通行，波斯人也许会从后面围困希腊，等到希腊弹尽粮绝，主动投降。如此一来，希腊人只能放弃坦佩关口了。

塞萨利人从坦佩关口撤兵了，他们早就和地米斯托克利说过，若是放弃守护关口就一定要完全听命于希腊盟军，但盟军的所作所为让塞萨利人极为不满，于是他们便向薛西斯一世投诚了。不过，希腊人撤出坦佩关口后，本打算回到瑟莫皮莱，希腊舰队也在此驻守。这里离阿尔忒弥斯（Artemis）海峡 [1] 较近，是尤碧椰海的最北边，和马里安海湾相望。

在希罗多德时期之后，斯波奇厄斯河谷在泥沙堆积的影响下，改

---

[1]　阿尔忒弥斯位于希腊尤碧椰海北部，这里的阿尔忒弥斯铜像很是有名。当年，人们是在附近的一艘沉船里打捞出了这个铜像，传说这是宙斯或是波塞冬的雕塑。——译者注

变了马里安海湾的地形，所以希罗多德所描述的一些地势特征如今已经没有了。当时，斯波奇尼斯河谷是在坦佩关口西边5英里处进入大海，如今则是在关口东边4英里处进入大海。伊塔山[1]的分支阿诺沛亚山山势笔挺，延伸至安锡勒小镇，差点儿和马里安海湾相接，它们相距不过一辆马车的距离。这片狭小的空地，现在已经没有了。从此处到第一个有洛克里斯人居住的村落阿尔佩尼是伊塔山的另一个分支，这里围着的空地稍微宽敞些。列奥尼达一世的军队便是在这里安营扎寨，不过这对于他们来说还是有些窄了，尤其是两边的盖茨[2]隘口和皮莱[3]隘口。这里道路很窄，一边是高耸入云的大山，一边是由温泉形成的沼泽地，这个温泉叫作楷翠或是潘滋，很适合那些喜爱温泉之人。描述这样的通道很难，佛卡亚人根本不会干涉这里的矿泉，让它们尽情地流淌，并且在西边入口不远处修了一堵墙将其隔断开来，留了一座坚不可摧的城门。这座城门已经有些年头了，如今被人重新加固了一番。希腊大军便在城墙之中安营扎寨，静候波斯军的到来。

现在已是夏至，驻扎在这里的士兵有8000～10000人，并不算多，其领军者是列奥尼达一世，他也是在机缘巧合下得到了重用并且迎娶了兄长克里昂米尼一世之女高尔格[4]。这次是列奥尼达一世首次也是

---

[1]　伊塔山位于品都斯山系东南边，是希腊中部的山脉。——译者注

[2]　又叫霍盖茨。——作者注

[3]　又叫瑟莫皮莱。——作者注

[4]　这是符合斯巴达习俗的。——作者注

最后一次以国王之尊亲自远征。他精心挑选了 300 名重装步兵，或者说是斯巴达的重装市民和各地的分遣队一起随他出征。其间有从泰耶阿[1]、曼提尼亚（Mantinea）[2] 和奥尔霍迈诺斯而来的阿卡迪亚人；也有科林斯、弗利乌斯[3]、迈锡尼所派遣的军队；还有欧珀斯[4]的福卡亚人和洛克里斯人。除此之外，他们还抓了 700 个西斯比亚[5] 人和 500 个底比斯人来当人质，以确保这些城市的人会尽心帮助希腊。

因为在近 50 年来，和在坦佩关口所发生的事情有关的故事一直在民间口口相传，其中可能加入了很多不正确的说法，所以我们很难去还原事情的本相。而且大家总是习惯用自己的想法去评价某些城镇的百姓。事情的真相很难浮出水面，可这个故事的发展方向还是说明了瑟莫皮莱的冲突这么讲述合理些。

希腊人的失败比希罗多德所说的更为严重，这也引起了我们很多的思考和想象。讲故事的人是想称赞列奥尼达一世和斯巴达人的英雄主义，这就和之前将萨拉米斯之战的胜利都说成是雅典人的做法一样。在这个故事中，斯巴达的那 300 精兵，一直都秉持着英雄主义，在面

---

[1] 位于希腊伯罗奔尼撒半岛的阿卡迪亚地区。——译者注

[2] 位于伯罗奔尼撒半岛上的中东一带，是其行政区之一。其名来自希腊神话中的猎人阿卡斯，他带着人们学会了编织和做面包，之后成了阿卡迪亚的国王。——译者注

[3] 位于希腊伯罗奔尼撒半岛之上，其最初的名字来自希腊神话故事中的阿卡斯之女阿荣特瑞娅，之后又换成了希腊英雄弗利乌斯。——译者注

[4] 位于希腊洛克里东边。——译者注

[5] 位于古希腊迪奥比亚地区，当地人被叫作西斯比亚人。——译者注

对 300 万的敌人时他们也拼尽全力守护自己的君主，功不可没。但是这明显是夸大了波斯军队的人数的，因为之前希腊人自己都觉得在主力部队还没有赶到前，8000 ～ 10000 名士兵便能守住坦佩关口了。我们再也不能在看到"战场上有一个雅典士兵"的描述时，就想当然地觉得战场上有很多雅典人。希腊人让地米斯托克利带着大部队人马去攻占坦佩关口，不过他们也许也会被派去守护更为重要的瑟莫皮莱关口，若是雅典人不愿意去的话，希腊盟军一定会去找他们。

斯巴达人在路上静候敌人，波斯舰队却在迈格尼夏海湾遇到了危险。薛西斯一世在离开瑟迈的第 11 天来到了迈格尼夏，群山之下，复仇之神涅墨西斯早已在此等候，自大的薛西斯一世军队即将迎来正义的惩罚，克洛伊索斯、居鲁士二世、冈比西斯二世以及波利克雷蒂斯所经历的灾难，也将降临在薛西斯一世身上。在德尔斐神谕的指引下，雅典人希望风能助其一臂之力，因此向北风之神波瑞阿斯[1]祈祷。而在暴风停止后，他们于伊利索斯河边建起了一座专门供奉波瑞阿斯的神殿。波斯将军们勇往直前，把最先到来的战舰停在了海滩上，然后剩下的战舰停在了远方，朝着大海列成八排。在太阳即将升起的时候，一阵微风[2]拂过，随后便形成了暴风。波斯军很快就将停在海滩上的战舰拖到了岸上，可是他们停在远处的战舰被狂风吹动，随着海浪涌向

---

[1]　在古希腊神话故事里，波瑞阿斯的妻子是厄瑞克特斯国王之女俄瑞提亚。——作者注

[2]　当地称其为达达尼尔风。——作者注

皮立翁山那边，越飘越远，有些甚至到了卡斯坦尼亚。

这场狂风持续了四天，无数东方艺术品和奢侈品凌乱地散落在岸上。这片荒地的主人发了一笔横财，拥有了数不尽的宝物。而另一边，靠近波斯舰队的希腊人返回欧里珀斯海峡后的第二天便听说了波斯战舰突遇暴风一事，他们便壮着胆子从尤碧椰海上比较平静的区域开船回到阿尔忒弥斯海峡。不过希腊人还是高估波斯军这次的损失了，波斯军在暴风退去后又把战舰拉回海上，并且开着它们到了帕格塞恩海湾入口阿菲提（Aphetae）[1]，停在了阿尔忒弥斯海峡的希腊战舰对面。几个小时后，波斯的一个中队错把希腊战舰当成了己方战舰，便中了希腊人的计，导致了一艘船上的波斯兵被抓。希腊人从其中一个波斯人身上得到了想要的信息，知道了薛西斯一世的计划和部署，这个泄密者正是波斯总督桑多基斯。

彼时，薛西斯一世已经带兵经过了塞萨利，并且在马里安人居住的特拉契斯安营扎寨，这里离希腊在瑟莫皮莱关口的驻军处不过几英里而已，希罗多德曾经生动形象地描述过这里。

薛西斯一世让一个骑兵去监视希腊人的行动，此人在佛卡亚旧城墙的西边见到斯巴达人全副武装，都聚在了一处，或是摔跤或是整理头发。他将这个消息汇报给了上级，其意是说希腊人十分蠢笨，可德马拉托斯坚信斯巴达人之所以梳理头发，是因为他们在为接下来的重要战争做准备。薛西斯一世不解地说："他们只有这些兵力，怎么可

---

[1]　阿菲提位于希腊塞萨利地区的迈格尼夏，是一个村庄。——译者注

能和我们的波斯大军对抗？"于是薛西斯一世按兵不动，直到第四天的时候，他觉得希腊人肯定已经逃跑了，便立刻下令让军队出发。可惜在接下来的交战中，波斯兵节节败退。最后薛西斯一世打算强攻瑟莫皮莱关口，可希腊军的长矛更长，而且身穿亚麻长袍的波斯军也根本打不过身穿铁甲战袍的希腊军，更何况狭窄的关口也是一道极难攻克的障碍。

希腊人佯装四处逃跑，引诱波斯军队上前追赶，随后便转身狠狠砍向了波斯人。在这场恶斗中，薛西斯一世一直是提心吊胆的，为了避险曾经三次从王座上跳下。但是他在第二天就立刻调整好军队再次和希腊人开战，他觉得希腊人这时候一定没有那么好的精力了。薛西斯一世排兵布阵后，希腊人集体出击，只有佛卡亚人例外，因为他们去守卫那条可以通到阿诺沛亚山的小路了。昨日的情景再度上演，薛西斯一世没有任何应对的办法了，马里安人埃菲奥茨便让他从山路走。入夜之后，薛西斯一世派海达尔尼斯（Hydarnes）[1] 带兵从营地出发沿着这条山路走了一整晚。山路左边是特拉契斯山，右边则是耶特山，即使山高势险，在经过煎熬的一夜后，希望迎来了黎明。海达尔尼斯带军登上了阿诺沛亚山之顶，守在此处的数千个佛卡亚人都没有察觉到波斯人的靠近，就算波斯人已经爬过了山上的树林，他们也还是没

---

[1]　海达尔尼斯是公元前6世纪末期到公元前5世纪初期波斯阿契美尼德王朝的世家大族，他们设计杀死了冈比西斯二世之弟，因为他想谋朝篡位，然后极力保大流士一世上位。——译者注

感觉到。直到波斯人快要来到山顶之时，他们才终于有所察觉，当时寂静无风，波斯人踩在了落叶之上，声音格外响亮，佛卡亚人没有给他们任何反应时间，在他们还来不及穿上铠甲之时就发起攻击。海达尔尼斯也被惊着了，他根本没想到山上会有人驻守，于是赶紧下令，让波斯人取得了先机。

在波斯的乱箭攻击下，佛卡亚人很快不敌，从不适宜人经过的小路退至高地上，打算和波斯人抗争到底。不过波斯人这次来的目的并不是打仗，所以他们很快就下山离开了。希腊联军在知道海达尔尼斯上山的消息后，顿时炸开了锅，有些人甚至瑟瑟发抖，害怕不已。斯巴达人却不在乎这些，因为他们的占卜师美吉斯提亚斯，在昨天便告诉了他们神谕，他们将死于明天。列奥尼达一世想让斯巴达人得到所有的荣誉，便将全部兵力都派了出去，只留下了底比斯人和西斯匹亚人，留下前者是因为他想要底比斯人为其同胞做担保，留下后者是因为害怕西斯匹亚人为保性命而临阵叛逃。

东方破晓之时，薛西斯一世再次洒酒祭拜，在埃菲尔茨的请求下，波斯人待到了早上9点才行动，这时市场上来来往往的人络绎不绝。进攻的号角吹响，波斯军被迫冲上战场，开始了残暴的杀戮，许多人都掉到了海里直接被海水吞没了，剩下的人大部分跌倒在地被残忍践踏，但还一息尚存。希腊大军凭借人数的优势打败了列奥尼达一世，这位领袖为了自己的尊严而战斗，最终死在了战场上。但是战争并没有因此而结束，海达尔尼斯亲自上阵杀敌，波斯大军从后面攻了过来。希腊军边打边退，来到了城墙内的窄路上，在这里他们又和波斯军进行了一场血拼，希腊的士兵们英勇无畏，一直战斗到西斯匹亚人和斯巴达人全军覆没。有传言称，在斯巴达军队中最勇猛的就是比尼克斯，他在战争开始前便从一个特拉契斯人那儿知道在波斯人射箭之时，连太阳都会被离弦之箭遮挡住。但他听过之后却乐观地说："这是个好消息啊，因为我们可以在没有太阳的阴凉处打仗了。"

从记录希腊盟军的碑文上，我们可以知道，有 4000 个伯罗奔尼撒人在这里和 300 万波斯大军开战，和斯巴达人相关的描述，则是另一个：

> 请转告斯巴达的百姓们，
> 在他们的恳求之下，
> 波斯的侵略者们都已经被杀，
> 就在这里，
> 我们躺在他们之上。

和列奥尼达一世来到战场上的斯巴达人共有 300 名，其中只有两个人因病留在了阿尔佩尼，一个人是欧里斯特，他的眼睛有问题，但他不在乎，他拿起武器求向导带着他去战场，他觉得那是他的归宿；另一个人是阿里斯托达莫斯，当他回到斯巴达后，所有人都认为他是逃兵，都不愿意和他有任何接触，直到最后他战死在普拉提亚，才挽回了自己的名声。底比斯人是最先向波斯投降的，也是最先自愿奉上江山的，他们并不是真心想加入希腊盟军。

希罗多德觉得这是最具有真实性的一个故事。薛西斯一世对此则是开始沉思，他召来了德马拉托斯，问他现在还剩下了多少斯巴达人。德马拉托斯回答说大概还有 8000 人。薛西斯一世又问他应该如何收服剩下的斯巴达人。德马拉托斯说了唯一的办法，那就是派出一支舰队拿下波洛庞尼索斯海峡最南边的基西拉岛。很多波斯将领都不赞成这种做法，因为他们在迈格尼夏海湾的暴风中已经失去了 400 艘战舰，现在若是再将剩下的战舰派出一部分，那么斯巴达人就可以和他们相对抗了。于是薛西斯一世就没有采用这位被流放在外的斯巴达前任国王的意见，而是开始谋划应该如何将瑟莫皮莱之战的胜利最大化。他把列奥尼达一世的遗体斩首示众并进行了鞭尸，随后公告天下，让那些有反抗之力的人去瑟莫皮莱战场看看实力强横的波斯君王是如何歼灭敌军的。

这种做法实在卑劣至极，就连东方人也看得出来，在硝烟散去的战场两边堆放着 4000 具斯巴达士兵的尸体和 1000 具波斯士兵的尸体。还有一件事也和瑟莫皮莱之战的道德问题相关。薛西斯一世问一些阿卡迪亚逃兵："希腊人在干什么？"阿卡迪亚人回答的是希腊人正在奥林匹亚举办活动，享受着摔跤和马术比赛带来的乐趣。薛西斯一世的这个问题揭开了一个事实——赢得了战争的一方只不过能拿到一个橄榄枝编成的花环而已。薛西斯一世的手下柴坦泰斯米斯有感而发道："马多尼奥斯，你让我们来攻打的就是这样一群人？他们不爱金钱爱名声？"但薛西斯一世在这段话中感受到了柴坦泰斯米斯的害怕。

发生在瑟莫皮莱之战中的这个故事或许很动人，但很明显的是此事并没有真实性。据说，列奥尼达一世为了统计波斯大军的总人数，带着不到8000人用了10～12天的时间来清点人数，而且这还让波斯付出了很大的代价。事实证明，若是他派了精兵把守阿诺沛亚山，并且将剩下的士兵都纳入自己帐下，那他也许会打赢这场地面上的仗。还有一种说法是觉得虽然佛卡亚人临阵投敌使得希腊人和胜利失之交臂，但那时希腊是有机会撤军的，余下的4000多名士兵都可以全身而退。但我觉得这根本不可能，在佛卡亚人在山顶上待的一个小时内，海达尔尼斯便能带兵来到东边的盖茨关口，就是希腊大军撤退的必经之处。这个通道极其狭窄，一些地段甚至不能让马车通过，若是说4000名斯巴达士兵在知道波斯军队就要来到盖茨关口前的几分钟内便能全部从这里通过的话，那这实在是无稽之谈。显而易见的是，若想在这种情况下全身而退，必定是要经过一场激烈厮杀的，而撤退一说根本忽略了当时的地理环境，从而将希腊的撤军想象得太过轻易了。

　　还有一个结论也不能忽略，那就是若列奥尼达一世把佛卡亚人和4000名士兵都派去驻守阿诺沛亚，而且下令让他们坚守到底的话，那么他可能会选择一条更适合的路线。而且，以上的这些说法都没有提及在列奥尼达一世军队中的可疑的底比斯人，而他们的所作所为也不能证明他们曾经说过反抗波斯的话，所以在列奥尼达一世失败后，他们便志得意满地行走在波斯军营之中了。希罗多德对此很不赞同，他觉得底比斯人并没有在自己投靠波斯的事情上说谎。塞萨利人也不觉得那些同情希腊的人就很可靠，除非他们放弃了所有支持薛西斯一世的机会，比如直接投靠海达尔尼斯，或是偷偷阻止列奥尼达一世等，而假情假意地留在希腊这边的话，这也是有违常理的。

当我们继续了解这个故事，发现它最终就是在断送斯巴达人的时候，便可以得出一个结论，即雅典舰队的将领为了得到瑟莫皮莱早期的军事情报，使用了一些较为保守谨慎的作战方法。这就说明了，当时雅典军队并没有离开瑟莫皮莱，所以对抗波斯军队的总数其实是远远大于希罗多德所给出的数据的。斯巴达统帅或许是在一个合理的情况下解散了军队，从而才使得希腊盟军不得不撤退。斯巴达如果真的有问题，那么他们一定会阻止假象的蔓延，因为这个故事里的英雄是列奥尼达一世和他的 300 精兵。

波斯舰队被迈格尼夏海湾的狂风所毁之时，希腊舰队是停靠在欧里珀斯海峡的。那场狂风持续了四天，希腊舰队在尤碧椰北海停靠了两天两夜后才到阿菲提，看到了波斯战舰。希腊这次派出的战舰一共有 571 艘，其中雅典战舰 127 艘，若是把乔吉迪克人所用的 20 艘雅典战舰也加上的话，那雅典就有 147 艘战舰了。他们便在这里等着波斯人发起进攻。这次正式的总统帅是斯巴达人欧里比亚德斯（Eurybiades）[1]，这是在结盟的时候所有城市提出的要求。当时雅典人立刻就放低了姿态，耐心等待事情出现转机，趁机掌控这支当时最厉害的海军。

在风暴发生后的第四天下午，波斯舰队便来到了阿菲提。他们也看见了在阿尔忒弥斯海峡的希腊舰队，立刻就想冲上去，可信念阻止了他们，这个信念就是他们不会让任何一艘希腊战舰逃走。一支波斯海军在下午的时候便去了尤碧椰东海，绕后偷袭希腊舰队。在破晓时分，

---

[1] 斯巴达海军将军，领导了希腊反抗波斯的第二次大战。——译者注

一个波斯军的逃兵告诉了希腊军一个消息：波斯军打算在希腊舰队的两侧放火烧船。可当波斯舰队即将抵达阿菲提之时，希腊舰队还是没有撤退的打算，这就让故事有了留白。

有传言称，本来打算对抗的希腊舰队看到波斯舰队后立刻就想退回乔基斯，但地米斯托克利没有答应。他用5个塔兰特贿赂了欧里比亚德斯，又用3个塔兰特收买了克林斯首领阿德曼托斯，让战舰停在原地，直到尤碧椰人把尤碧椰岛上的家人全部接走。传说当时尤碧椰人是给了地米斯托克利30个塔兰特，让他想办法帮忙撤离，所以地米斯托克利去收买他人的8个塔兰特不过是其中一小部分而已。

不过我们有四点需要注意：其一，地米斯托克利自己私吞了22个塔兰特；其二，尤碧椰人在一两个钟头后就会明白收买地米斯托克利没有任何用处，而他们并不打算把送出去的钱要回来；其三，若是他们要求雅典人补偿他们的话，雅典人也会答应；其四，地米斯托克利面对的问题也很麻烦，他需要让其他官员收起对他的敌意，所以虽然他三番五次贿赂这些人，但他们根本察觉不到他有在这么做的打算。

希腊人在知道波斯派海军中队到尤碧椰东海之后，便立刻开始讨论，最终商议的结果是趁着天黑的时候，沿着尤碧椰海峡兵分两路，围攻波斯舰队。可在第二天白天都要结束的时候，他们也没有见到波斯舰队有任何动静。希腊人便打算在太阳落山前攻打波斯舰队，积累一些作战经验。而对于波斯人来说，当他们看到希腊舰队向这边靠近时，第一反应和马拉松之战一样，觉得希腊人疯了，于是波斯大将便立刻下令让更多的战舰把希腊舰队围住。站在薛西斯一世阵营的爱奥尼亚人对此十分震惊，他们觉得自己的同族希腊人马上就会变成波斯军队的刀下亡魂。可在波斯军开始行动后，希腊人立刻调动战舰，船尾朝里、船首朝外，形成一个圆圈，打算就此冲锋。在接收到第二个信号后，战争正式开启，希腊人很轻松地就抢过了波斯军的 30 艘战舰，波斯军中的利姆诺斯人分神了，这说明在波斯军队中的亚洲希腊人还是更偏向自己的同族。

在这一天的夜里，海面上电闪雷鸣，下起了倾盆大雨，汹涌的海浪把那些沉船和士兵尸体都冲到了海岸上。但这场暴雨给在尤碧椰沿海打算封锁希腊军退路的波斯海军中队增加了压力，他们的船只基本都受到暴雨影响，撞到了岩石上，损毁严重。复仇女神再度大显神通，波斯战舰的数量急剧减少，几乎和希腊舰队数量相等。在黎明时分，波斯战舰在尤碧椰遭遇暴风雨被毁的消息传来之后，在阿菲提的波斯人感到沮丧，希腊人则是欢呼雀跃，而且他们现在还得到了 53 艘雅典战舰的支援。希腊人现在唯一的想法就是立刻攻打波斯海军，将敌军抓起来，然后开心地回到自己的领地。但事实证明希腊人还是太过乐观了，因为波斯将领都害怕薛西斯一世会发怒，于是打算继续开战。这场战争十分惨烈，波斯战舰呈新月形出征想要歼灭希腊舰队，但以失败告终。据说他们这次海战失败的原因并不是舰队船员的士气不高，而是战舰数量太大。虽然希腊军队是战胜者，但和数量庞大的波斯舰队相比，他们还是没有什么优势，只能选择撤军。也许大家会觉得尤碧椰人的钱应该能发挥作用，但根据传闻来看地米斯托克利当时并没有再拿钱贿赂其他人。前去探察敌军情况的人也带回了一个不好的消息，那就是列奥尼达一世身亡，薛西斯一世占领了瑟莫皮莱关口和希腊南大门。如今希腊人已无力回天，只能着手准备撤退事宜，最终他们决定让科林斯人领头，雅典人断后。

在这紧要关头，雅典人心里的爱国热情爆发了，而这种情绪随着希腊同盟精神的不断瓦解而变得越来越强烈，这也让希罗多德为之称颂。现在的希腊军队一心只想守住伯罗奔尼撒，他们觉得波斯舰队不会来到阿尔戈利斯（Argolis）[1] 和拉科尼亚，因此只要死守科林斯地峡，便不用再分心去驻守其他地区。地米斯托克利知道以后很是生气，坚决反对这个计划。对于他是否拿着尤碧椰人给他的钱再去收买其他人站在他这一边的事情并没有任何记载，不过他确实说服了希腊盟军，让他们守住萨拉米斯，直至雅典人将其一家人全部撤离阿提卡。希腊的战舰已经停在了萨拉米斯，伯罗奔尼撒人则是夜以继日地加固着科林斯地峡的防御工程，数不尽的石头、砖块、木头、沙袋被运到了这里，他们用最快的速度把城墙加固到了理想高度。不过这并没有让他们重拾信心。其实，希腊军队已经走到了尽头，这一次的战争失势也代表着薛西斯一世的远征即将告捷。瑟莫皮莱的事情让大家发现：薛西斯一世也没有他们看到的那样强大，希腊军队也没有大家想的那么无能。

说希腊盟军消极抗战，是因为卡尔尼亚人和奥林匹亚人在举办节

---

[1]　阿尔戈利斯位于古希腊的伯罗奔尼撒半岛东面，是一个行政区，不过其大半部分都是在阿罗格里斯半岛上。——译者注

日盛典，或许只是后人们的牵强附会，并且以此来遮掩希腊没有勤于练兵的事实。对于普通的希腊人而言，在这次海战中，希腊最优秀的地方在于以一敌十打败了波斯舰队。可我们知道，若非是波斯军士气不足，希腊根本没法取得这样大的胜利。把薛西斯一世军队的壮大说成是像滚雪球那样越滚越大的说法，明显是东方国家肤浅的夸张，爱慕虚荣的希腊人却将其当作是自己吹嘘的资本了。毋庸置疑的是，波斯大军的实力强横是因为他们有着精神奕奕、英勇无敌的精兵良将，他们在过去的 2500 年里也决不向命运低头，帮助居鲁士二世克服了艰难险阻，取得了成功。希腊人在和别人交手的时候，基本不会失手，但有一点除外，那就是东方的雅利安人竭尽全力建立起了专制统治，他们的西方同族却推行了民主法制。要想真正明白这场海战的性质，那或许必须把二者之间的差别想清楚。

若非是东方波斯人天生坚毅不屈，西方人的自由精神会让他们的处境更加危险，不过这不是我们目前要讨论的重点。当舰队来到阿尔忒弥斯的时候，他们便立即下达命令，让雅典士兵们带着自己的家人尽快离开这里。我们不知道这个命令最终执行得怎样，但毋庸置疑的是，生活在那些即将被波斯大军入侵之地的人们都离开了，其中很多人都跑去了阿尔戈斯半岛的特里真，剩下一部分人则去了埃吉那和萨拉米斯。

而就在这个时候，薛西斯一世其实已经收服了佛卡亚北边，除了西斯匹亚人和普拉提亚人之外的所有彼奥提亚城市都已经向他投降。塞萨利人一直在为薛西斯一世的事业鞍前马后地奔忙着，希罗多德觉得他们之所以这么做，是想报复曾经的敌人佛卡亚人。他们带着波斯大军穿过多里安人所居住的狭长地带，使他们顺利对佛卡亚发起攻击，毁掉了佛卡亚人的所有城市，洗劫了阿瓦伊[1]的所有财宝。波斯大军兵分两路，大部队人马通过彼奥提亚前去和薛西斯一世会合，小部队人马则去了德尔斐，想在那里重现阿瓦伊的场景。波斯人的靠近让德尔斐人惊慌失措，他们赶紧向神灵请示，是把那些宝物带走还是就地埋藏。他们得到的神谕则是让他们按兵不动，神自然会帮助他们。但是德尔斐人还是选择了逃跑，最终活下来的包括预言师阿克拉托斯在内仅有 60 人。薛西斯一世来到了这里，以前都只是挂在殿中不让人触摸的神圣武器，现在都摆成一排放在了神殿之前。天空中雷声滚滚，同时出现了闪电，帕纳索斯山上的山石被击碎，石头滚落下来，砸死了许多波斯人。而雅典的教堂中哭声鼎沸，波斯人震惊不已，赶紧逃跑，德尔斐人从山上直冲而下，气势汹汹。逃过一劫的人说当时有两个身强力壮的重装步兵一直在追杀他们，天地间满是德尔斐人的杀气。希罗多德坚信他见到了从高山上滚下的落石，而它们砸在了雅典教堂的圣地之上。

　　根据希罗多德的记载，薛西斯一世这次远征的转折点正是攻打德尔斐，这是他对神威最大的挑战。于是乎，他只能承担恶果，波斯军队开始节节败退，只剩下了马多尼奥斯继续领军。不过我们立刻就能发现对于波斯军所谓的计划，马多尼奥斯本人是直接否认了的，根据

---

[1]　阿瓦伊位于希腊弗西斯东北部，因为有阿波罗神而出名。——译者注

希腊历史学家普鲁塔克（Plutarch）[1]的记载，德尔斐的神殿被占之后，其经历和阿贝神殿一样。希罗多德曾经亲眼见到在德尔斐宝物里，有一个刻着加吉士和克洛伊索斯名字的礼物，但对于这些说法，他都选择了漠视。不过可以肯定在两个世纪后布伦努斯（Brennus）[2]怀着和薛西斯一世一样的野心，带着他手下的高卢人举兵攻打德尔斐。这些和波斯人攻打德尔斐有关的故事基本是起源于人们对于宗教的不满之情。

薛西斯一世离开了彼奥提亚，继续按照他所想象的、可以达到成功的路线前行。从他带兵横渡达达尼尔海峡到现在已经过了四个月，当他来到阿提卡时，放眼望去都是凄清、荒凉之景，这座城市已经没什么人烟了，这里只有一些极其贫穷之人和守护神殿的士兵。他们根据神谕所示，在神殿的另一侧安好了木头围栏，只留下了一处对外敞开，方便他们自己发起攻击。

庇西特拉图王朝的人们终于再度回到自己的家乡，他们找回了之前独裁专制的感觉，可是当他们打算向侵略者开出一些条件时却遭到了鄙视。波斯人用弓对准了他们，射出了点着木屑的箭，但没有达到理想效果。薛西斯一世受挫后心生怒意，不过波斯士兵借着北边岩石的裂缝爬到了城墙之上，希腊士兵要么跳崖，要么就躲进了神殿，波

---

[1] 古希腊文学家、历史学家和作家，他既是希腊人，也是罗马人，支持柏拉图主义。——译者注

[2] 布伦努斯在公元前 387 年带领高卢军攻打罗马。——译者注

斯人便追着他们进了神殿，不顾众人的苦苦哀求，直接挥刀屠杀。

薛西斯一世终于控制了雅典，他立刻让一名骑兵把这个消息带回索萨。消息传到之后，索萨城中的所有人都欢呼雀跃，桃金娘花枝撒了一地。有人也造谣说薛西世一世畏惧他的叔叔阿尔塔巴努斯，他和皇室中人以及后宫女眷都在静静等着斯巴达和雅典女奴，阿托莎以前就想有这种女奴。

撒尔迪斯城中的神殿之前也被付之一炬，他们为了报复雅典，便在雅典卫城的大殿中放了一把火，但是薛西斯一世已经下令让那些跟着他从索萨回来的雅典流放者和雅典人好好相处。在进军这里后的第三天，大家才看到城中那棵神圣的橄榄树已经被烧焦了。根据那些流放回来的雅典人所说，他们去橄榄树前祭祀的时候，已经烧焦的树干底部忽然生出了一根幼苗。他们觉得这是一个好兆头，代表着雅典人很欢迎他们的雅典人再回归。其实这也是他们增加信心的一种方式，可雅典人对此则有不同的领悟。

希腊舰队曾经停留在萨拉米斯，不过他们并不是打算在这里建立海军基地，而是想把希腊的移民藏在这里。波斯大军攻下雅典的消息传来后，希腊盟军只能下令退回萨拉米斯，因为在这里若是遇到了大海浪，他们还可以依靠陆军进行撤退。唯有地米斯托克利察觉到这样做会让希腊陷入绝境之中，为了保险起见，希腊选择了向西边和南边撤退，但还是没有守住塞萨利、彼奥提亚和阿提卡，让波斯夺了去。

雅典人可以给出什么条件呢？守住萨拉米斯、团结盟军、制订出完美的计划吗？地米斯托克利觉得一旦放弃萨拉米斯，那么希腊盟军将不会再进行任何军事行动了，所以他不惜一切代价地要阻止一切，让盟军不再撤退。他说服了欧里比德亚斯，让其把希腊各城邦都叫了过来举办第二次希腊同盟大会，然后自己在同盟大会的辩论开始之前便上台演讲。科林斯人阿德曼托斯对此很是不满，警告他说在运动赛场上抢跑可是要被惩罚的。地米斯托克利回答道："你说得对，不过等信号发出之后还不起跑的话，那注定会是输家。"随后他便警告欧里比德亚斯，若是要在萨拉米斯开战，其背后便是广阔的一望无际的大海，以目前希腊舰队的实力来看，希腊根本占不到优势，所以应该选择在封闭的水域开战，这样还有一线生机。无礼的阿德曼托斯再次打断了地米斯托克利的发言，说他在雅典被夺后，便已经没有了故国，或许他根本没有资格参加联盟大会的投票，欧里比德亚斯也有可能被禁言。

这次演讲最特别之处在于其发起人居然是一个收受贿赂之人。令人不解的是，地米斯托克利身上明明就有尤碧椰人向他行贿的二十多个塔兰特，他为何不在大会之前先收买阿德曼托斯，并且告诉他，只要让雅典人掌控200艘战舰，他便能得到一个比科林斯更好的城市呢？地米斯托克利对欧里比德亚斯实话实说道，若是盟军撤出萨拉米斯，那他就会让雅典战舰把雅典士兵及其家人送去意大利，让他们在锡瑞斯城安家落户。欧里比德亚斯也听懂了他的意思，他知道如果雅典军退出盟军的话，那么伯罗奔尼撒人就会完全落入波斯人手里，因此他立刻做出了决定——让战舰留在原地。

希腊盟军虽然表面上没有说什么，但心里确实是害怕。当时发生了一场地震，但波斯人在第二天继续进行军事训练，这件事激化了希腊盟军内部的矛盾，希腊盟军将矛头直指欧里比德亚斯，都要求他即刻退出。地米斯托克利也离开了联盟大会，并且让他的奴隶，也是他孩子的家庭教师金诺思乘船去往波斯舰队那边，告诉薛西斯一世他现在希望波斯能够取得胜利，希腊军队现在一心只想逃命，这对于波斯来说，意味着他们可以轻而易举地攻下希腊。

波斯收到消息后，立刻派大部队人马登上普斯塔利亚岛（Psyttalia）[1]，这里和比雷埃夫斯（Piraeus）[2] 港口相对，可以打捞波斯沉船，也能斩杀漂到这里的希腊沉船上的士兵。夜深人静之时，一些波斯战舰顺着阿提卡海岸移动，向东北延伸到萨拉米斯海峡，如此希腊盟军若是想退回这里，必须经历一场惨烈厮杀。希腊军将领们经过通宵讨论后，决定将地米斯托克利请回来。阿里斯蒂德告诉地米斯托克利希腊军队已经被团团围住，没有任何可退之路。地米斯托克利简单明了地告诉阿里斯蒂德自己早就想好了应对之策，不需担心。之后从波斯舰队逃出来了一艘小船，其驾驶者是泰尼亚人，证明了地米斯托克利所言非虚，不过因为这件事是阿里斯蒂德转述，所以大家都不敢相信希腊军打算反抗了。在黎明时分，地米斯托克利不管各路首领，而是直接向所有船员进行了演讲，说了所有能够激发士兵们热

---

[1]　普斯塔利亚岛位于萨罗尼克海湾，岛上并无居民。——译者注

[2]　比雷埃夫斯位于古希腊阿提卡地区，属于雅典，是一个港口城市，这里的西南方 7 英里处就是萨罗尼克海湾。——译者注

血的作战动机，或是伟大的或是自私的，只希望他们能够心怀家国、奋勇杀敌，然后亲自送他们登上了战舰。

天亮之后，薛西斯一世坐在王座之上，让侍卫们抬着他登上了艾格莱厄斯山[1]的分支，他要在这里看波斯人是怎样为他而战的。根据埃吉那人所说，在希腊人出海、波斯人前去应战之时，有一艘战舰来到了他们的岛上，请求英雄爱厄克斯能带上他的孩子们一同前去帮助希腊。爱厄克斯犹豫不决，两方起了争执，直到一个女人出现在了大家眼前，她大声说道："英雄们，你们还想继续做缩头乌龟吗？"在场的所有人都听到了这句话。

双方开始交战，雅典人发现自己的敌人是腓尼基人，其船翼向西，对着伊洛西斯城。伯罗奔尼撒人的对手则是爱奥尼亚人，他们向东对着比雷埃夫斯港口。希罗多德毫不避讳地说自己只了解这场海战的大致布局和战况而已，其余的概不知晓。但是他相信希腊人的决定和纪律将会影响这场战争的走向，或许还有一个原因，那就是在开战前一夜波斯人一直在备战，雅典人和希腊军则是睡了个好觉，而后者在清晨又听了地米斯托克利的演讲，是怀着满腔热情踏上战场的。需要注意的是，在萨拉米斯之战中，波斯人很是勇猛，这和他们之前在阿尔忒弥斯之战中的表现完全不同，而且这次爱奥尼亚人也基本参与了整场战斗，没有半途离开。事实证明，在之前由阿里斯塔格拉斯所挑起

---

[1] 艾格莱厄斯山位于希腊阿提卡地区，是一座岩石山。其东面是雅典，西面是萨拉米斯岛，西北面是伊洛西斯，西南面是比雷埃夫斯。——译者注

的动乱中，斯巴达人和雅典人私自离开阵营的举动让希腊人很是不满，直到现在他们也没能释怀。据说，在双方激烈交战时，腓尼基人说是爱奥尼亚人毁掉了战舰，背叛了盟友。不过，这件事很快就得到了澄清，爱奥尼亚人也很欣慰在波斯军战舰中，有一艘由萨摩斯人和色雷斯人共同掌控的战舰，而这艘战舰上的希腊人也证明了爱奥尼亚人的中心地位。

薛西斯一世很是生气，直接下令将腓尼基人斩首了。如果这个传闻是真的，那么按照腓尼基人的性格来看，他们绝对不是胡编乱造。关于这件事，众说纷纭，很多说法之间也是相互矛盾又不能自证，实在是让人疑惑。雅典人的说法是阿得曼托斯（Adeimantos）这个"英勇无畏的人"[1]在战争刚开始的时候就带着自己的手下逃跑了，在他们逃跑的路上出现了一艘小船，船上的人都指责阿得曼托斯，说他懦弱卑鄙，在紧要关头抛弃了正在浴血奋战的盟友们。阿得曼托斯最初不相信这些人说的话，这些人又说若是他们撒谎，便会跟着阿得曼托斯回去作战，直到战死沙场。阿得曼托斯听了这番话便立刻掉转方向返回战场，可惜为时已晚，结局已定。科林斯人一直坚称自己是在海战中打头阵的，其他希腊人也证实了他们的说法。所以之前提到的两个版本也许都是假的。

不过这也和马拉松之战一样，虽然我们不了解战场上的真实面貌，但我们可以看到事情的整个过程。希腊人毁了波斯战舰，杀了薛西斯

---

[1]　阿得曼托斯的名字就是这个意思。——作者注

一世的兄长和一位波斯将军。相比之下，希腊的损失就不算大了。其实，波斯人伤亡惨重主要是因为他们不会游泳，他们损伤最大的一次就是他们在第一次想逃跑的时候，发生了混乱。这个时候，阿里斯蒂德便趁机带着大批重装步兵来到普斯塔利亚岛，一举剿灭了这里的波斯人。不过希腊人并没有遇到想象中最可怕的事情，薛西斯一世在清晨登上自己的王座，他相信眼前所看到的这些波斯军人是所向披靡的。可在波斯人打了败仗之后，他立刻认为这些人没有任何可用价值。有传言称，在战争当晚，腓尼基人害怕薛西斯一世会降怒于他们，便连夜开船跑到了亚洲。如果传言不假的话，那么薛西斯一世确实有理由气馁。如果他们没有这些熟悉水性的勇敢水手，那么他们根本不可能在海上作战。而薛西斯一世还要去做一项更紧要的事情，那就是将剩下的战舰派去守护达达尼尔大桥。

薛西斯一世直截了当地告诉其他人，想要安全回到亚洲就一定要守住达达尼尔大桥。他下令让人从阿提卡带了一个信使去萨拉米斯，别人或许会因此感到迷惑，但马多尼奥斯很清楚薛西斯一世究竟想做什么。马多尼奥斯知道信使出发了，他带来的消息被骑兵们传到了索萨的每个城门，于是那些和胜利有关的欢呼之声变成了哀悼国王的哭声和对马多尼奥斯的责骂之声，他们认为这一切都是马多尼奥斯造成的。若是马多尼奥斯此时能意识到他要想再回到波斯，只能通过打赢这场仗的话，那么他或许更有可能成功，因为胆小的薛西斯一世虽然还有后招避开之后的灾难，但他在这时已经陷入了绝望。马多尼奥斯知道居鲁士二世是靠什么征服亚洲的，那时候他意气风发，坚信波斯大军可以创造辉煌。若是波斯人没能成功的话，那么一定是因为军队中的那群乌合之众。如果薛西斯一世愿意派 30 万人马为马多尼奥斯断后，马多尼奥斯一定会毅然决然地攻下希腊。

　　这对于处于绝望和害怕之中的薛西斯一世来说无疑是一个最好的机会，可根据希罗多德所言，薛西斯一世当时自然应是将这个任务交给了一个唯一支持他的女人——阿尔特米西亚一世（Artemisia I of Caria）[1]。她是波斯附属城的城主，也是哈利卡那索斯（Halicarnassus）[2]的女王，希罗多德便是在这个地方出生的。阿尔特米西亚一世和薛西斯一世的想法一样，现下最重要的是让薛西斯一世回到索萨，至于马多尼奥斯和他的部下，就算他们真的死在了战场上，对于波斯而言，也不过是损失了一群奴隶而已。不管是阿尔特米西亚一世为薛西斯一世想出了怎样的计策，毋庸置疑的是她都没有给出自己的理由。薛西斯一世和阿尔特米西亚一世心里都很清楚，如果把马多尼奥斯留下来的话，那么那些崇拜波斯帝国的将士一定会听从他的指挥。结合其他一些关于阿尔特米西亚一世的描述，这种说法确实让人有些不解。

　　在萨拉米斯之战前的同盟大会上，若是她直接表明不支持海战的话，那么她就是在挑战薛西斯一世的威严，就像她在战败之后煽动薛

---

[1]　阿尔特米西亚一世是古希腊哈利卡那索斯城的女王，在公元前 480 年向波斯投诚，归卡里亚的波斯总督管辖。她也曾和薛西斯一世结为同盟。——译者注

[2]　哈利卡那索斯位于如今的土耳其爱琴海科尔梅湾加里亚的西南部，是古希腊的一个城市，城中的哈利卡那索斯陵墓很是出名，是世界七大奇迹之一。——译者注

西斯一世进行撤退一样。如果阿尔特米西亚一世有此建议，是因为她认为埃及人和帕姆菲利亚人同别的海军并没有什么区别，若都是恶毒的话，那么她所说的话便不仅是诽谤了，更是一种羞辱，因为这完全不符合事实。还有一种说法更是让人迷糊，据说在萨拉米斯海战的时候，一个雅典船长为了得到 1 万德拉克马（Drachma）的赏金，便一直追着阿尔特米西亚一世的船，想将其活捉，因为当时希腊人知道连一个女人都要来攻打雅典时便愤恨至极。当薛西斯一世听到阿尔特米西亚一世击毁了波斯的一艘战舰后，大声说道："巾帼不让须眉，须眉却不如巾帼。"对于这个奇怪的传言，我们只需要知道当时帕林迪亚战舰上的人员并没有全部身亡，一些战舰明显是在看到阿尔特米西亚一世后就逃掉了。我们不能说阿尔特米西亚一世的花招儿骗过了所有人，也不能证实有人公开谴责她。

其实，在与薛西斯一世败北于萨拉米斯后返回撒尔迪斯一事相关的记载中，基本上美化了希腊人，恶意辱骂薛西斯一世且大加羞辱，有些描述甚至已经没有了底线。事情原委和发生经过大家已然清楚，这样也能厘清头绪。希腊人发现波斯舰队打算逃跑后便乘胜追击，可他们追到安德罗斯岛也没有追到波斯舰队，因此他们直接在这里召开了希腊联盟大会，决定不再追赶波斯军。据说，地米斯托克利在次日便开始催促希腊舰队去达达尼尔海峡毁掉那里的大桥，让薛西斯一世无法从此处逃回亚洲。欧里比德亚斯觉得将薛西斯一世留在欧洲是很蠢的一个想法，因为这样可能会让处于绝望中的薛西斯一世奋起反抗，让他离开的话至少能确保他不会在欧洲兴风作浪。地米斯托克利只好放弃了自己的想法。

在另一个故事中有这件事的后续记载：地米斯托克利因为计划落空便打算借此给薛西斯一世留下一个好印象，他再一次让希金诺斯去找到薛西斯一世并告诉薛西斯一世，因为他的极力阻止，所以希腊人没有去毁掉达达尼尔大桥。这个事情对地米斯托克利的影响是很大的。就算抛开这些东西不谈，薛西斯一世对于这个消息也得仔细斟酌一番，毕竟一朝被蛇咬，十年怕井绳。薛西斯一世之前就是相信了地米斯托克利给他送的消息，结果波斯舰队惨败而归，所以当地米斯托克利又给他送来消息的时候，他自然会有防备之心。需要注意的是，地米斯托克利从来都没有想过去切断薛西斯一世的退路。而马多尼奥斯继续率 30 万人马守在阿提卡地区，坚持着薛西斯一世已经放弃了的事业。

雅典的兵力被分散去拦截一个逃亡者，这导致希腊军在面对强敌之时根本无力反抗，这实在是一种荒唐的行为。可是竟无人站出来指责地米斯托克利的这种想法，不过他本人倒也没有再提出这一类的建议，因此欧里比德亚斯也就没有继续和他作对。

几天后，马多尼奥斯在塞萨利平原挑选出了一支精兵队伍，打算以此攻打希腊，这次行动不成功便成仁。但是在他送走薛西斯一世前，一个从斯巴达而来的信使让薛西斯一世出庭受审，因为他杀了列奥尼达一世，需要赎罪。薛西斯一世听了这话后，觉得很是可笑，便随手指着身旁的马多尼奥斯说道："那就把他留在这里吧。"他为自己选好了替罪羊，可是信使坚持说他才是杀人犯，必须为自己的所作所为付出代价。这件事也开启了薛西斯一世的悲惨人生。

有传言称薛西斯一世的军队，在经历了 45 天的前行后才来到了达达尼尔海峡，在这一过程中，无数士兵因为饥寒交迫或是疾病肆虐而客死他乡。活下来的士兵中一些是靠着所经之地的庄稼农作物，一些则是以草叶树皮为食。在穿过达达尼尔海峡来到欧洲的第八个月，薛西斯一世又来到了达达尼尔大桥，可是这座大桥已经毁于暴风雨，无法通行。薛西斯一世便带着众人乘船过海峡，一些饥肠辘辘的士兵在得到食物后疯狂进食，最终被撑死了，军队人数也是越来越少。希罗多德就是这样描述薛西斯一世的撤退经历的，真实可信。不过需要特别注意的是，希罗多德自己也承认他是从一些他自己觉得不真实的故事中提取了某些信息的。比如，传说在薛西斯一世坐船从斯特里蒙河口的伊昂城逃向亚洲的途中，他遇到了暴风雨，船也快被掀翻了，导航员告诉他想要大部分人活命，就只能让一部分人跳海。薛西斯一世把这个情况如实告诉了士兵们，大家听了之后向波斯王行了一个军礼，随后纵身一跃，跳进了海里。在成功靠岸后，薛西斯一世先赏赐了导航员一顶金冠，并亲自为他戴上，然后将其斩首。赏金冠是表扬他救了波斯王，砍头颅则是向跳海而亡的士兵谢罪。

希罗多德之所以觉得这个故事没有可信度，是因为以薛西斯一世的性格，他一定会把腓尼基人丢到海里保住波斯人。因此他断定这个故事是假的，即使他知道埃斯库罗斯在戏剧中写了波斯人在海上之事，他也觉得这不可能是真的。斯特里蒙河很早就会结冰，波斯人便直接在结冰的河面上行走，只是一旦太阳出来了，冰层便会融化，因此很多士兵都掉进水里了。这个故事的可信度也不高，因为按照斯特里蒙河口的地理环境和气候来看，河面根本不可能在一夜之间就结成可以承担这么多士兵重量的厚厚冰面。而且这个故事的前提应该是波斯大军后面紧跟着追兵，所以他们只能拼命往前跑，可是实际上波斯并没有遇到追兵，伊昂在很长一段时间以来都是波斯的要塞。最关键的是关于这一时期的传说很多，希罗多德对这个说法也是持否定的态度，不过我们也应该去判断希罗多德所说的事情是否具有真实性。

薛西斯一世在筹划这场远征行动时肯定会想好军队应该怎样前行，自然也会设想在军队撤退时应该如何防备希腊人。他们不仅在仓库里堆满了粮食，而且在远征的一路上还会让当地百姓上缴粮食军需。薛西斯一世在撤退时没有带囚犯，并且让马多尼奥斯带领 30 万大军断后。从这些故事中我们可以发现波斯军这一路上要想活下去就只能去抢夺食物，否则就会被活活饿死，但在他们抢夺之时也没有人出来和他们对抗。可以说，薛西斯一世可以自信满满地前行并且在沿途做下诸多恶行，还是因为希腊人太过宽容。

阿尔塔巴努斯的行动路线更加关键，他带着 6 万精兵一直保护薛西斯一世，将他送到了达达尼尔海峡。在送走薛西斯一世后，阿尔塔巴努斯就换了个样子，成了一个顶天立地的男子汉，他不但守住了阵营，而且从不让手下人搞任何小动作，直接扛住了希腊人的所有进攻。没有任何记载说他和他的军队需要靠枯草树根维持生命，更没有饿殍遍野之事发生。他们一直待在这里，直到第二年春季，马多尼奥斯在彼奥提亚调遣军队。不管薛西斯一世的经历为何，都不算是一帆风顺。在希腊境内，希腊军在萨拉米斯之战的胜利和将波斯大军打得落荒而逃的消息让一些殖民地区开始躁动，引发了动乱，而且这些动乱就是在薛西斯一世经过这些地方到了达达尼尔海峡之后才发生的。阿尔塔巴努斯打算好好收拾一下这些人。

阿尔塔巴努斯围攻了乔基迪克人所在的奥林索斯城，并且将其收入囊中，然后将科林斯人的殖民地波蒂戴阿全面封锁了。不过在封锁的时候出现了意外，阿尔塔巴努斯损失极大，只是他并没有受到这些意外的影响，领兵之时的状态也是一如既往。总的来说，我们根据阿尔塔巴努斯的带兵经历可以了解到，即使是在撤退逃跑的过程中，薛西斯一世的军队应该也不至于过着缺衣少食，只能坐阿拉伯大篷车船在海上漂泊的日子。

在这个冬季里，希腊人去往各地的城市进行集资，有些人是自愿捐款的，有些人是被强迫着掏钱的。地米斯托克利要求安德罗斯岛的人们必须出钱，因为雅典人是在需求和忠诚[1]这两大神明的指引下来到这里的。安德罗斯人自然是不会答应的，他们还反驳地米斯托克利说安德罗斯岛也有两大神明——贫困和无助，它们一直都伴随着安德罗斯岛，而且以雅典的能力只怕是战胜不了它们的。雅典将安德罗斯岛围了起来，但这次行动以失败告终，可见安德罗斯人所言非虚。

地米斯托克利并没有放弃封锁行动，为了能够得到更多的资金，他强迫其他岛上的岛民们交税，并且没有把这件事情告诉其他首领，募捐回来的钱一大半都落到了他的口袋中。不过，即使地米斯托克利

---

[1] 希腊人将其称作皮索，指其能让人服从和信任。——作者注

和他的手下不会把这件事说出去，但他们堵不住悠悠众口。联盟本就不是特别待见雅典人，自然也不会对地米斯托克利以权谋私、贪污捐款的行为坐视不管。

艰苦的一年终于过去了，在新年之际，希腊会进行祭拜神灵，感谢他们的保佑，同时也会嘉奖在联盟中表现突出的城市和个人。他们在萨拉米斯城、苏尼翁和萨拉米斯地峡分别献祭了一艘战舰。因为希腊第一次取得胜利是在德尔斐之战中，所以便在这里建造了一座雕像，需要的东西都已经被搬到了这里。这座雕像高有12腕尺[1]，手上握着一艘波斯军舰模型的舰艘。在萨拉米斯地峡所举办的投票中，我们可以清楚地看到人性中的善与恶，因为在选举首席的时候，每位将军都把手上的票投给了自己。而在选二把手的时候，绝大多数人选了地米斯托克利。没有人愿意让这位雅典将军得到应有的荣耀，不过斯巴达人并没有被他们影响，还是把雅典有史以来的最高荣誉给了地米斯托克利。身为希腊盟军首领的欧里比德亚斯得到了一顶银冠，地米斯托克利的奖励也是这个，因为他在战争中表现出了过人的机智。斯巴达人在欢送地米斯托克利离开的时候用的是城中的圣物——一辆最美丽的战车，而且还挑选了300个斯巴西泰人跟着地米斯托克利，让他安全到达泰阿。

---

[1]　以前所用的一个长度单位，1腕尺约等于529毫米，这是根据人的前臂也就是中指指尖到胳膊肘的长度计算的。——译者注

08 最终的选择：雅典联邦制

马多尼奥斯对薛西斯一世许下的诺言最终还是以一场大灾难结束了。只要希腊人可以团结一致、共同抵御外敌，那么马多尼奥斯便没有任何获胜的可能，而且就目前的情况来看，雅典人和斯巴达人都是精力极其旺盛而且非常渴望战斗的。他们也明白若想取得成功将会面临怎样的阻碍，不过从整体情况上来看，可以发现，即使时局如此，马多尼奥斯还是拼尽全力，没有放弃。若是雅典人拥有决定权的话，那么在萨拉米斯发生的那场最为重要的希波海战便会出现在阿尔忒弥斯。

马多尼奥斯意识到在他成功路上的绊脚石其实是雅典。在此基础上，他决定要做一些事情，其中也有他的自我牺牲，这是希庇亚斯到了西吉昂之后和波斯军付出了极大的代价之后再一次面对的痛苦选择。不可否认的是，薛西斯一世之所以决定攻打欧洲的一个重要原因是他想报复雅典，可是马多尼奥斯如今已经没有时间去执行薛西斯一世那个充满了报复性的命令了。他让马其顿将军亚里山德斯到雅典告诉雅典人，如果他们想和波斯建立邦交而不是成为波斯帝国的奴隶的话，波斯帝国之君不但会对他们的反抗行为既往不咎，而且还会让他们自己选择领土并且将其赠予他们，还能帮助他们重建所有被毁的神庙。

波斯人的突然转变让斯巴达人开始警惕起来，他们四处传言说雅典人和米底亚人会把波斯人赶出伯罗奔尼撒半岛。同时，斯巴达人还派人去雅典传信，说只要雅典愿意一直对抗马多尼奥斯，斯巴达就会成为雅典的坚强后盾，帮助他们保家卫国。可当时没有人会把斯巴达人的担忧放在心上。

有人甚至求马其顿王子在去和马多尼奥斯会面之时告诉他，太阳还在天上一日，雅典人便不会同波斯和解。而这个时候，斯巴达人因为没有了解到雅典人的真实想法而被其责怪，雅典人说道："就算用全世界的金山做条件，我们也不会帮着米底亚人欺负希腊，就算我们真的想，也不能这样做。我们是希腊民族的一分子，大家流着同样的血、说着同样的话、信奉着同样的神灵、建造着同样的神殿，我们的生活习惯和祭拜仪式都是一样的，我们不可能背叛希腊。谢谢你们愿意出兵相助，但我们一定会和波斯抗争到底，并且尽最大的努力去避免给你们惹麻烦。不过我们只有一个请求，那就是请你们用最快的速度派军过来支援，因为在我们拒绝马多尼奥斯的提议后，他一定会立刻带兵攻打我们，我们决不可能让波斯人侵犯我们的领土。"可是接下来所发生的事情和现在的和谐气氛完全不同，伯罗奔尼撒人知道雅典人的这番话后深受刺激，打算把萨拉米斯地峡的城墙重新修葺一番，但他们修好墙之后又故态复萌，没有派人在此把守。斯巴达的首领克伦布罗托斯领兵支援希腊，可是他在路上遇到了日食，受到了惊吓，便赶紧带兵返回了斯巴达，不久之后便驾崩了。其子帕萨尼亚斯（Pausanias）[1] 任过将军一职，而他也是列奥尼达一世小儿子的近身护卫。

马多尼奥斯的处境比薛西斯一世好些，他是军队首领，又善于治军，从他对目标的把控就能看出他是一个很有智慧的人，而且同他私交甚密的一些希腊人也愿意帮助他。他决定要战胜雅典人，就像薛西斯一世决定要处罚他一样。当波斯人又一次踏上雅典的土地的时候，雅典人或许会后退，若是他们此时可以全心全力地护住雅典城的话，雅典人一定会对他产生信任和依赖。马多尼奥斯开始按计划行动，跨过了阿提卡边界，这时雅典士兵们赶紧将自己的家人带到了萨拉米斯。马多尼奥斯就这样再度来到了这座不见人烟的城市，此时距离薛西斯一世攻打雅典卫城已经过去了 10 个月。他本来打算派出使节出访雅典，现在却将此人解雇了，不过因为雅典议员还是坚持要把这个消息告诉雅典人，而这名议员最后的结果就是被判处极刑，有传言称他的家人也因此获罪，无一幸免。

而另一个版本的故事不但改了这名议员的名字，还将故事时间改成了地米斯托克利第一次催促雅典人向萨拉米斯转移的时候。在此之

---

[1]　帕萨尼亚斯在希波之战中领导斯巴达军队，有人怀疑他和薛西斯一世私下有所往来，和他有关的记载都是出自修昔底德的《伯罗奔尼撒战争史》。——译者注

后发生的事情也可以证明这个故事错得离谱，雅典人派人到斯巴达告诉那里的人，如果雅典不能马上获得支援的话，那么他们一定会想方设法摆脱现在的困境并且逃走。其实在面对普拉提亚人和担任使者之职的迈加拉人时，雅典人不但没有继续之前的那番慷慨陈词，而且还理所当然地表示他们自然是希望希腊可以和平安宁，所以只要在可以避免的情况下，他们就不会与波斯人同流合污。

一时间出现了很多对雅典的责备之声，但雅典人并不在乎这些，而斯巴达人也因为节庆将至，有诸多活动需要准备，所以不打算有所行动，而且现在萨拉米斯地峡的城墙基本已经加固好了，就算雅典使者故意拖延时间，斯巴达人也能等。两边就这样僵持着，直到第十天，泰耶阿的奇里奥斯好心提醒斯巴达人，如果雅典人真的答应了马多尼奥斯的话，波斯就会派出舰队配合雅典的陆军行动，那么萨拉米斯地峡的防护墙就会形同虚设。斯巴达人之前好像真的没有想到这一层，于是他们当晚便派了5000名重装步兵去往帕萨尼亚斯，并且每一个士兵都至少有7个希洛人做助手，这么算下来这一次斯巴达派出的军队人数已经有4万了。

次日清晨，信使们就在说这次肯定是白等了，雅典人绝对早就和波斯人结盟了，监察官们也说道："他们已经到奥里斯坦[1]了，他们赶着去见人。"这话被军中的雅典人听到了，对此很是惊讶，反问道："谁

---

[1]　奥里斯坦位于古希腊阿卡迪亚地区，是一个小村庄，靠近迈家洛波利城。——译者注

走了呀？又要去见谁呀？"监察官回答说："我们斯巴达的士兵们早带着自己的助手希洛人出发了，一共有 4 万人，要去见的是波斯人。"信使们听完这话皆是十分震惊，赶紧带着 5000 名重装步兵离开了柏里伊赛。

关于这个故事的传说有些复杂，不过，我们还是能从其中了解到事实的真相的，希罗多德解释了这个故事中的一些神秘之处。阿尔戈斯人因为之前已经答应过马多尼奥斯，所以当时只能尽力阻止斯巴达军队离开伯罗奔尼撒，而且还打算动用武力。马多尼奥斯这时候已经发现只要雅典人愿意投降或者是拒绝和希腊人结盟，他的任务基本就完成了。马多尼奥斯也知道只要向雅典人施压并且同时承诺不毁其家园、故国，那么他们就不难对付，但只要将阿提卡变成战场，就一定会发生烧杀抢掠之事。所以现在对于马多尼奥斯而言，最重要的事情就是将伯罗奔尼撒大军拦在萨拉米斯地峡之内，而阿尔戈斯人之前对他的允诺让他相信这片土地上没有危险。斯巴达的监察官们在了解了阿尔戈斯人和波斯人的约定后，便不允许阿尔戈斯人对外透露斯巴达制订的所有作战计划，阿尔戈斯人也做到了守口如瓶，所有计划都能如期实施。不过阿尔戈斯人还是告诉了雅典人一个信息，那就是斯巴达人已经离开了。

马多尼奥斯知道自己的计划全部泡汤了，他的手下们也立刻放弃了守护之责，直接在雅典城内四处纵火，之前没有被波斯人所毁掉的城墙和建筑在这场大火中都无一幸免。可是在这样一个不适合骑兵打仗的地方，马多尼奥斯根本不敢赌，而且一旦失败，他就只能从又小又窄又危险的关隘返回了。因此他立刻下令让全军撤退，就是他们第一次来到迈加拉人的领土，也是波斯大军在欧洲大陆上走到的最西边。不久，马多尼奥斯便发现他又一次来到了底比斯。

马多尼奥斯想在彼奥提亚戏弄一下他的那些希腊朋友。现在，如果他失败了的话，那么这些人的好意对他而言根本没有任何用处。他要想保证自己安全，只能将周边的土地全部变成沙漠。如此一来，要是真的有需要，他的手下就能在基塞隆北边的山脚下找到一个 1 平方英里的营地当避风港。他把对抗希腊人的希望都放在了那里的城墙和栅栏上。

在这至关重要的时候，希罗多德却讲述了一个众所周知的凄惨故事。天上的神灵们用轻率和冒失遮上了马多尼奥斯的双眼，其他人都已经知道毁灭即将到来。我们应该特别留意这个故事，因为希罗多德坚称他是从一个名为瑟桑德罗斯的人那里知道这个故事的，而这个人参加了阿塔吉诺斯（Attaginus）[1] 在彼奥提亚之战发生前为了款待波斯将军们而举办的盛宴。宴会中人们载歌载舞，很是快乐，坐在瑟桑德罗斯旁边的波斯人很坚定地说在不久之后，这些人和在宴会厅外驻扎的敌人基本都活不下来。看着这个波斯人的满脸悲伤，瑟桑德罗斯

---

[1]　底比斯的独裁统治者之一，传说他是在波斯第二次攻打希腊时投靠了薛西斯一世的。公元前 479 年，普拉提亚之战刚爆发，阿塔吉诺斯便邀请马多尼奥斯和 50 位波斯贵族来底比斯参加宴会。希腊军趁机攻打底比斯，来势汹汹，阿塔吉诺斯连忙逃走了，不过他的儿子们没有逃出来，斯巴达的首领波塞尼亚斯没有伤害他们，但是其他叛军被带到了科林斯处死。——译者注

觉得应该尽快让马多尼奥斯知道这件事，但是这个信奉伊斯兰教的、可怜的波斯人却说这件事注定要发生，谁都改变不了它。他还说道："在人类所承受的诸多苦难中，最痛苦的就是明知道灾难就要降临却不能阻止。"这个故事听起来虽然让人觉得悲伤，但是它对于马多尼奥斯的任务没有任何意义，想用这种似是而非的征兆来挑拨一支实力强劲、物资丰富的军队实在是有些过分。若是和瑟桑德罗斯聊天的这个波斯人真的把他觉得即将发生的事情告诉了他的长官的话，那么马多尼奥斯也许会仔细斟酌再行事。可是马多尼奥斯其实并没有知道这件事情，更不能以此做出决断。不过就算他真的听到了这个故事，他也会选择忽略那些所谓的征兆和脆弱的眼泪，这些对于他来说不过就是人为自己的懦弱找到一个借口而已。

由斯巴达人和伯罗奔尼撒人组成的希腊盟军自伊洛西斯出发，雅典军则是穿过萨拉米斯岛前来和他们碰面，随后大家一起出发去了基塞隆山的北坡。在阿索波斯河北岸驻守的波斯军很快就发现了这支希腊军队，波斯人都兴奋了起来，只觉得自己热血沸腾，唯有佛卡亚人除外。不管希腊军在最初的时候有多少人，但在开战之后，他们一直有新鲜血液加入，队伍也是越来越庞大，马多尼奥斯知道自己现在必须把希腊人赶出去。

他刚发出指令，波斯骑兵们便在马西斯提奥斯的带领下行动了起来，马西斯提奥斯可是出了名的勇猛将军。迈加拉人根本打不过，只能赶紧向帕萨尼亚斯送去求救信号，如果他们不能及时得到支援，那么他们一定会败在波斯军手下。可是就算波斯人一直在马背上破口大骂羞辱希腊人，说他们是女人，斯巴达人也纹丝不动。最终，他们等到了3000名援兵，在希腊军的支援下，迈加拉人反守为攻，一箭射中了马西斯提奥斯的战马，马儿吃痛，向后仰去，马西斯提奥斯也摔倒在地。波斯骑兵赶紧撤退，想发起第二次进攻，可在他们还没有反应过来的时候，马西斯提奥斯便被希腊盟军杀死了。之后的战争十分激烈，雅典人获得了最后的胜利。士兵们把马西斯提奥斯的尸体放在了一辆战车之上，哀号之声回荡在广阔的战场上。战车慢慢前行，希腊的将士们也都想看看这位波斯将军。

希腊军打算自埃利色雷（Erythrai）[1] 靠近彼奥提亚，因为这里的水源更佳，也很适合军队安营扎寨。他们走过海西埃[2]到达了一片陆地，这片陆地源自加加菲亚，一直延伸到英雄安德罗柯瑞茨神殿，被拔地而起的高山隔断。虽然希腊盟军和波斯军队越离越近，但是，双方一直没有开战，据说是因为出现了一些神兆，两边的占卜师根据这些神兆一致断定谁先开战谁遭殃。于是，马多尼奥斯只好让骑兵去奥克海兹，也就是德莱奥斯凯佛莱关隘，在这个地方，那些从伯罗奔尼撒过来的人们弄丢了他们带来的装满了粮食谷物的车和500头牲口。

马多尼奥斯终于觉得疲惫不堪，为了避免让自己的属下因为迷信而担惊受怕，他特地将所有将领都召集在一处，问他们是否知道波斯

---

[1] 埃利色雷位于爱奥尼亚，是十二城之一。——译者注

[2] 海西埃位于阿尔戈斯西南部。阿尔戈斯人和斯巴达人在这里经历了两次战争，而第二次战争毁掉了这里。——译者注

人将会败北于希腊境内的预言。大家都陷入了一片沉默之中，马多尼奥斯便继续说道："你们并非没听说过，只是不敢说而已。那就我来说吧，神谕说来到希腊境内的波斯人会将德尔斐神殿洗劫一空，然后在此灭亡。可是我们并没有想冲撞神殿中的神灵，也没有打算洗劫神殿，所以我们根本不会死在这里。对波斯人怀着善意的人将会收获快乐，因为根据神谕所说我们会是征服者。我们明天开始战斗吧！"据希罗多德所言，马多尼奥斯说完这番话就自己动手杀了牲畜做祭祀品，并且相信只要这些畜生在被宰杀的过程中发出了叫声，之前的征兆便是假的。

希罗多德在自己讲述这些故事时加入了一些生动的情景。第一个情景就是重现马其顿将军亚历山德罗斯在安静的夜晚骑着马来到了雅典人的前哨岗，他把雅典将军们叫了出来，说出了马多尼奥斯的决定，并且自报了家门。可其实亚历山德罗斯根本不用说明自己的身份，因为阿里斯蒂德还记得他，毕竟他在前段时间来找过雅典人，并且让雅典人向波斯投降，而现在他则是让雅典人继续和波斯交战。亚历山德罗斯这次前来告诉雅典人这些事情是出于好意，不过实在是有些多余了，因为希腊人在这十几天一直观察着波斯军的动向，一旦希腊军暴露了，他们就会直接向波斯军开战。第二个场景是希罗多德觉得当时斯巴达人帕萨尼亚斯是想和雅典人交换阵营，从而让雅典人来到马拉松平原，而且后来雅典人也在这里被波斯大军攻击。那时候帕萨尼亚斯还没有和波斯人交过手，也不了解波斯人的作战形式，所以这次的交换还是很有用的。

马多尼奥斯知道后，他也将计就计调换了军队的部署，使得斯巴达人只能掉转方向回到右翼作战。这件事情显然是后人异想天开编造出来的，其目的也不过是想表扬雅典人罢了。从阿尔忒弥斯到萨拉米斯再到瑟莫皮莱，斯巴达人一直在和波斯人对抗，列奥尼达一世曾带着他手下的精兵良将逼迫薛西斯一世前后三次从自己的王座上逃下来。

如果这次斯巴达人被迫承认雅典人更具优势的话，那么最后的荣誉一定会落到雅典人手上。因此，斯巴达人才要编出一些不会让人产生抵触心理的故事，就比如这个互换阵营的故事。不过就像我们现在所了解到的，也许根本没有几个斯巴达人听过这个故事，他们没有意识到这个故事中唯一真实存在的事实就是斯巴达人处于右翼。当然，他们也懒得去考证，所以就把故事的时间放到了黎明之前。因为，这个故事被安排在了马多尼奥斯打算在第二天就开战的时候，那么就一定要有一个送信人，因此他们只能再编造一个深夜骑马去找希腊大军的亚历山德罗斯。

次日，波斯和希腊可能真的是在普拉提亚交手。而在开战的前一天，希腊的骑兵并没有现身，也没有人知道缘由，希腊军被波斯的骑兵攻击了。第二日，形势已经明朗，他们一定要转移阵地。在希腊阵营前的阿索伯斯河对于希腊军而言没有任何用处，因为波斯军队中的弓箭手一直把控着这里，使得希腊人只能从离普拉提亚有 25 英里远的加加菲亚打水，可是加加菲亚的水源也被战马污染了，浑浊不堪。但是在普拉提亚和加加菲亚之间有一个岛屿，其周边有两条小溪，不过它们其实是同一条河流的分支。这条河流名为奥罗伊，发源于基塞隆山上。

这里水源充足，岛屿前的河流能够保护希腊军，而且在这里波斯骑兵也不能绕后袭击希腊军。希腊的统帅立刻下令，打算当晚就转移到这里。但是或许是因为矛盾和害怕，希腊盟军中的伯罗奔尼撒人没有依照军令转移到这里，而是退回了普拉提亚，使得斯巴达人也只能跟着他们一起行动。而在撤退的过程中，他们遇到了很大的难题，一位名叫阿姆佛雷托斯[1]的斯巴达将领极其反对这个软弱的撤退计划，并且还举起了一块巨石以示威胁。他们一直争执到了大半夜，浪费了不少时间，直到东方破晓时，已经力倦神废的帕萨尼亚斯才发出了撤退的指令。斯巴达人退到了基塞隆山山势较高之处，雅典人则是在平原上前进，阿姆佛雷托斯也只能跟着撤退了。不过希腊人的行动被波斯人收入眼底，他们立刻派出了骑兵追赶。

众神降在马多尼奥斯身上的惩罚极重。希腊人投靠了塞萨利当地的世家拉里萨（Lárisa）[2]的索勒克，我们可以从这件事中看到希腊人的软弱，而马多尼奥斯之前一直觉得希腊人是英勇无畏、让人敬佩的。但是他觉得自己的错判并没有什么太大影响，最让他生气的是阿尔塔巴努斯居然害怕希腊人，薛西斯一世对此一定也有所了解。若是知道阿尔塔巴努斯的这些恐惧，那么也就能理解他当天所做的一些事情了。马多尼奥斯不再犹豫，直接带兵横渡阿索波斯河，进攻基塞隆山。他们发现了在山坡上徘徊的斯巴达士兵，马多尼奥斯来不及下令，直接

---

[1]　斯巴达将领，参加了普拉提亚之战，击败了波斯军队。——译者注

[2]　拉里萨位于古希腊塞萨利地区，是那里最大的一座城市。——译者注

带着波斯军冲向山顶，似乎他们此行就是为了杀掉那些无路可去的逃犯。帕萨尼亚斯的压力突然增大，他赶紧派人去山下求助于雅典军，可是雅典军那时也在与波斯人交手。斯巴达人和泰耶阿人面临着巨大危机，慌乱之中只能自保。波斯军将柳条编成盾牌，然后站在盾牌后向敌军放箭，几乎是百发百中，斯巴达人和泰耶阿人死伤无数。

绝望的帕萨尼亚斯看着赫拉神殿，心里默默祈求着天神能帮助他们渡过难关，而神明好像真的听到了他的祈祷，希腊军的伤亡越来越少，泰耶阿人勇往直前，斯巴达人随后辅助。在经过了一场激烈的厮杀后，希腊军终于毁掉了波斯军的柳条盾牌，波斯人也开始落了下风，但他们依旧全力以赴，决不妥协。双方交手时，波斯人徒手握住希腊人的长矛，折断了他们的矛头，可是波斯人并没有铁甲护身，也没有军纪指挥，因此都是独自作战，如今他们败局已定，回天乏术，最终连马多尼奥斯都战死沙场。波斯军也匆忙逃回营地，躲在了木墙之后，以为可以逃过一劫，然而绝望很快就降临到他们身上。

当时的人都知道斯巴达人不擅长围攻战，之前也从来没有成功过。双方交战之后，善于智取的雅典人想到了突破波斯军的方法，让泰耶阿人打头阵。希腊军冲进了波斯阵营，势如破竹，波斯人则是陷入了绝望之中，四处乱窜，如见了猫的老鼠。希腊军举起了手中的刀，肆意杀戮，传说，此战之后原本有26万人的波斯军队只剩下不到3000人，而希腊军的伤亡人数不过150。这两边的数据都是不可能的，因为在决战之前，希腊军就已经损伤惨重了，无限放大最后一场的胜利，用以炫耀，实在是和东方世界一样虚弱。

　　从马拉松之战到现在，希腊人终于完成了自己的事业。在此期间无数希腊英雄脱颖而出，名垂青史。雅典人四处吹捧德克利亚(Dhekelia)[1]的索芬斯只用一只铜锚便抓住并打败了敌人。斯巴达人对阿里斯托莫斯视如敝屣，他因为突来横祸，所以没有参加瑟莫皮莱之战，但他只要上了战场就是视死如归。大战之后最引人注目的就是斯巴达首领帕萨尼亚斯，曾经有人建议他把马多尼奥斯的尸体钉到十字架上，以报波斯人当年羞辱列奥尼达一世遗体之仇，但帕萨尼亚斯觉得，这是波斯那种野蛮未开化的民族才会做的事情，希腊人不应该这样，更何况在战场上全是波斯人的尸体，这也足够给列奥尼达一世报仇雪恨了。

　　希腊人打赢了这场仗，获得了巨大财富，泰耶阿人把马多尼奥斯用来喂马的、以铜为原材料的马槽安置在了雅典的阿莱亚神殿之中，帐篷、马车、酒杯、器皿这些战利品则被收进了国库。希腊人偷偷扣下了大批戒指、手镯等金银饰品，之后把这些东西卖给了埃吉那人，换得了大量钱财。薛西斯一世之前留给马多尼奥斯的各种家具摆件无疑是让帕萨尼亚斯有了一种巨大落差：波斯人和拉克尼亚人不过是隔了一张桌子，前者桌上是山珍海味，后者桌上则是粗茶淡饭。帕萨尼亚斯告诉他的手下们要谨记这个教训，作风奢靡的马多尼奥斯就是贪心不足，想要来抢走希腊人的食物，所以才落得如此下场，实在是太过愚蠢。

---

[1]　德克利亚位于古希腊阿提卡北边，是一个古老的村庄，也是雅典到尤碧椰的贸易航线上的必经之处。——译者注

　　帕萨尼亚斯决定在普拉提亚人的阿古拉[1]进行祭祀仪式，祭拜宙斯，庆贺希腊大捷。普拉提亚如今已经和彼奥提亚解除了联盟关系，他们要保证自己的领土完整不受侵犯，希腊同盟也决定联合起来，不让任何侵略者踏进普拉提亚。他们还发布了维持战力的法令，打算在普拉提亚举办年度联盟大会。今时不同往日，希腊人现在已经有了摧毁波斯军队及波斯帝国的想法。

　　马多尼奥斯会威胁阿尔塔巴努斯，也许是因为在战争中发生了一些事情。他把阿尔塔巴努斯手上协理军务的权力全部夺走了，所以阿尔塔巴努斯便偷偷命令他的士兵们，要大家只听从他的指挥。在波斯和希腊刚开战的时候，阿尔塔巴努斯便传令让士兵们跟着他一起奔向战场；在他发现马多尼奥斯无法控制全局后，他就赶紧带着自己的手下逃离了战场，经过福基斯荒野来到了塞萨利。塞萨利的首领们为他举办了一场宴会，并且在会上询问他彼奥提亚的战况如何。阿尔塔巴努斯不敢告诉他们真相，因为他承受不起可能会发生的结果，于是就骗大家说他是被临时调派去色雷斯的，而且他还说马多尼奥斯也快过来了，并装模作样地请塞萨利的首领们一定要好好接待他。在去往马其顿和色雷斯的路上，阿尔塔巴努斯损失了不少手下，不过大部分人还是成功抵达了拜占庭，从这里回到了亚洲。阿尔塔巴努斯的这次行动让薛西斯一世看到了他的能力，所以后来他成为了达斯基利昂[2]的总督。

---

[1]　就是露天的集市。——作者注

[2]　达斯基利昂的东南边是安纳托利亚半岛，西北边是达达尼尔海峡。——译者注

在战争结束后的第十一天，希腊盟军来到了底比斯城门前，要求在希波之战中保持中立的底比斯人投降并且为他们的行为付出代价。底比斯人自然没有答应，希腊盟军便直接将他们围困在城中，并且破坏了他们的土地。底比斯人在被围困的第九天迫于帕萨尼亚斯的威胁开出了投降条件——斯巴达人放弃底比斯应该给他们的赔偿款。可是这种条件并没有什么用处，因为阿塔吉诺斯早就跑了。不过，帕萨尼亚斯并没有伤害阿塔吉诺斯遗弃在城中的孩子们，只是处死了其他底比斯人。

地米斯托克利在知道波斯舰队于萨拉米斯之战中伤亡严重后，便赶紧催着大家去往达达尼尔海峡，不过他需要向大家说清楚为什么要这么做——马多尼奥斯那时候开始在阿提卡部署兵力了。马多尼奥斯在第二次侵略并烧毁雅典后就回到了彼奥提亚，不过那时候他身后有一支希腊盟军对他穷追不舍，他知道这支军队是可以与他抗衡的。定居于亚洲的爱奥尼亚人继续请命支援希腊、对付波斯，希腊盟军也派出舰队奔赴战场增援了。斯巴达统帅利奥提希德[1]在萨摩斯接见了爱奥尼亚使者，通过他们知道波斯军队已经成为一盘散沙，在海上交手的话，他们根本打不过希腊海军，一定会投降。使者还说亚洲的希腊人最想看到的就是他们的西部族亲。利奥提希德听了这话便问他叫什么名字，

---

[1]　斯巴达军队的统帅，参加过克里昂米尼一世亲自带军进行的第二次埃吉那远征，之后被流放。——译者注

这人回答道："大家都称呼我为海基斯特拉托斯[1]。"利奥提希德顿时兴奋了起来，说道："你这名字寓意真不错，我希望你可以跟我保证萨摩斯人将会真心实意和我们来往。"使者很干脆地答应了，希腊的舰队便出发前往萨摩斯并停在了其南岸。波斯舰队不想和希腊正面开战，于是就让士兵们上岸加入了自入冬后便一直领兵驻守爱奥尼亚的泰格雷尼斯军队。

波斯舰队开始向离他们只有 10 英里远的陆地进发。波斯舰队的总司令让舵手将船停在了麦凯莱山下的海岸边，并且在岸边钉好了木桩，用以固定战舰，让其稳稳地待在防卫石墙后面，而且木桩也能让波斯舰队不被围攻，他觉得这样做一定可以打败希腊舰队。希腊军在看到波斯军逃跑后，顿时信心满满，准备好上岸需要的舷梯和踏板，然后立刻奔向麦凯莱。在靠近海岸的时候，他们和波斯舰队选择了同一个海岸。利奥提希德让一个声音洪亮的传令官向爱奥尼亚人喊话，请他们在接下来的战斗中勇敢地为自由而战，不要助纣为虐。

这番话让大家开始怀疑波斯的那些将军们，随着利奥提希德的一声令下，萨摩斯人的武装被解除，人也被带走了，同时，利奥提希德还让米利都人守住通往麦凯莱山的各通道。波斯人也开始为即将发生的战斗做好准备，他们手拿以柳条编织而成的盾牌躲在了树桩篱笆后面，静候希腊士兵的到来，之前马多尼奥斯的军队在普拉提亚也用过这些武器。雅典人从地势最为平坦的陆地上走向大海，斯巴达人则是

---

[1] 意为领军者。——译者注

拼尽全力爬到麦凯莱山上。

　　如今的波斯人依旧很勇敢，就和当初在普拉提亚之战中一样，他们是当之无愧的居鲁士二世战士。可在这两场战争中，他们所面对的敌人都是有秩序、有组织的军队。雅典人是最为拼命的，因为他们想抢在斯巴达人到达前赢得胜利。经过一番激烈的厮杀后，雅典人攻破了波斯人的防护石墙，闯入了他们的阵营，波斯人也不胆怯，一直奋战到底，但还是退到了木桩前。即使如此，他们也还是积极应战，直到雅典人凭借着钢铁一般坚毅的意志和严明的军纪突破了波斯的这条防线。一些波斯人开始四处逃窜，但还是有一批人继续坚持作战，拼命阻止雅典人前进。而这个时候斯巴达人已经赶到并且加入了战斗之中，被卸下武装的萨摩斯人倒在了波斯军的尸体上，这大概是因为他们拿了死去的波斯士兵的武器，被希腊军错认为是波斯人了。据说波斯人当时想的是，如果他们这次失败了，那就在麦凯莱山上挖一条大沟作为他们的最后归宿，麦凯莱山的地势会使得那些在山脚之下的士兵没有任何补给。又被围困起来的军队陷入绝望之中，可波斯人并没有这样的烦恼，因为他们很相信米利都人，跟着他们的指引下了山，只要看到希腊人就举刀相向，决不手软。麦凯莱海战就这样画上了一个惨烈的句号。据说马多尼奥斯也是在这一天死在了普拉提亚战场上。还有一个传言是在希腊人准备开战时，军中出现了一个谣言——希腊的同族马上就要在彼奥提亚获得胜利。为此，使者们特地跑到海边去查证了一番。

　　普拉提亚那边一早便开战了，麦凯莱这里则是拖到了下午才交手，也就是说那些参加了彼奥提亚之战的海员在战争结束后完全可以立刻从彼奥提亚海岸坐船来麦凯莱。这种巧合总是能勾起人们的兴趣，就像西西里城邦的革隆在希迈拉（Himera）[1] 攻打迦太基人的时候，薛西斯一世正在吉兰尼亚看着萨拉米斯海湾的波斯大军节节败退。

希腊士兵直接放火烧了波斯战舰，搜刮了波斯人的所有财产，包括他们的随身细软，然后带着一大堆战利品去往萨摩斯。这时候雅典人遇到了一个难题，而这也关系到他们之后的发展方向，那就是亚洲的爱奥尼亚人又发生了动乱，对于集体对抗波斯的征服者，欧洲的希腊人应该如何去保护他们呢？伯罗奔尼撒的首领认为这件事不在他们的权力范围内，虽然他们也想到了一个解决方法，那就是将亚洲的希腊人迁到塞萨利和彼奥提亚之间的地区。雅典人并不同意这种做法，他们觉得不可以抛弃爱奥尼亚人，任由他们被波斯人所欺压。他们也没想到希腊盟军竟然会有这种想法，于是直接使用了否决权。

斯巴达人正好以雅典人的反对为借口，从这件事中抽身了。如此一来，便只有雅典人留下来继续守护爱奥尼亚人，帮他们对抗波斯。萨摩斯人、基安人、莱斯博斯岛人和其他岛民也立刻和雅典结盟，并且宣誓会永远对它们保持忠诚之心，这也为之后的雅典海军帝国奠定了基础。

希腊舰队向萨摩斯的东边出发了，他们此行有一个特殊目的——趁着薛西斯一世还没有到达达达尼尔的时候，毁掉达达尼尔大桥。不

---

[1]　希迈拉位于古代的西西里地区，是古希腊的殖民城市。——译者注

过等他们到达目的地的时候才发现，这座大桥已经被暴风雨所摧毁了，他们这一趟算是白来了。利奥提希德觉得现在已经没有什么事情需要他们去做了，但雅典人并不这样认为。波斯人当年攻下加里波利(Gallipoli)[1]半岛后，便强迫那时候的雅典人把所有金银珠宝都交出来，现在雅典人想将先人们所失去的东西全都拿回来。他们自然知道掌握这条贸易路线有多重要，因为这条路线连接了希腊西部和黑海、多瑙河的产粮地区，可是只要波斯人还把控着塞斯托斯，雅典就无法实现自己的宏图伟业。

据说雅典人对阿塔克斯总督充满了恨意。在薛西斯一世刚进入欧洲的时候，阿塔克斯便求薛西斯一世将一座房屋赐给他，而这座房屋的主人是一位名叫普罗泰希洛斯的英雄，他在攻打波斯边境的时候身亡了。普罗泰希洛斯是亚加亚人攻打并报复希腊的时候第一个来到了亚洲帮助希腊人的人，他便住在神殿之中，四周都是禁地。阿塔克斯总督玷污了这里。因此，他在留守塞斯托斯时被雅典人围攻了，他虽然没有任何准备，但是也没有向雅典人投降，而是一直坚守城门。雅典境内士兵们开始有所动摇，将领们为了稳定军心，再三向大家保证一定会拿下这里。这时候的波斯人也开始进入了生命的倒计时，城内一直有人死于饥饿，阿塔克斯带着护卫军连夜弃城逃跑，不过他们刚出城不久便被雅典人拦下了。在经过一番交手后，阿塔克斯失败了，

---

[1] 加里波利位于东色雷斯的南边，是土耳其的欧洲地区，西临爱琴海，东临达达尼尔海峡。——译者注

他被雅典人带回到塞斯托斯。阿塔克斯告诉抓住他的雅典人，他愿意为自己玷污神殿的行为赎罪，他会拿出在神殿之中藏着的100塔兰特，然后再追加200塔兰特。不过伊莱奥斯城里的人只想要他的命。

雅典的首领们也许是被迫放弃了阿塔克斯，而阿塔克斯也被带到了达达尼尔大桥最西边，也有可能是被带到了麦迪托斯城边的小山上，然后亲眼看着自己的儿子被乱石砸死。大家又将他吊在了木板之上，让他在这里回顾自己的一生，然后死于饥饿。大家终于为普罗泰希洛斯报仇了。雅典人则是带着他们抢来的财宝乘船归乡。为纪念这一次的胜利，雅典人从倒塌了的达达尼尔大桥上拿了一根缆绳，并且将它带回雅典供奉于神殿之中。

但现在还有很多事情没有结束，波斯人也没有被完全赶回亚洲。塞斯托斯沦陷了，拜占庭、多锐斯克斯、斯特里蒙河边的伊昂城和爱琴海北岸的诸多地区都还被波斯人把控着。普拉提亚之战结束后，帕萨尼亚斯便成了希腊联盟舰队的首领，他带着20艘伯罗奔尼撒战舰和30艘雅典战舰赶到了塞浦路斯，将岛上的大半地区都收了回来，然后出发去往拜占庭。

帕萨尼亚斯在拜占庭也遇到了激烈的抵抗，一如他在塞浦路斯所经历的，但是他这次没能顶住，拜占庭也沦陷了。这时候，斯巴达在联盟中占据着主导地位，不过站在公正的角度上来看，斯巴达也是被推上了联盟首领的位置，而并非斯巴达人精心算计的。斯巴达境内没有像地米斯托克利那样的政治领导者可以把握住最好的时机，而且在斯巴达，最大的敌人则出现在他们的军营之中。帕萨尼亚斯的背叛让亚洲希腊人和斯巴达渐行渐远，希腊人清楚地意识到斯巴达并不可靠，雅典才是真正能庇护他们的城市。

雅典人所背负的责任让他们走上了统一希腊的征程，而促使雅典帝国成立的各种事情应该是属于雅典帝国的历史了，因为赛斯托斯和拜占庭的沦陷为希波之战的伟大战史拉下了帷幕。

波斯的采贡者现在肯定无法继续在亚洲的希腊城市中自由来往、收纳贡品了；波斯舰队也无法在爱琴海上任意来回、运送贡品了。一些地处偏僻的要塞依旧被波斯人所掌控，可是波斯帝国的君王知道波斯已经不可能再统一欧洲了。雅典人的坚毅勇敢和斯巴达人的刚强铁纪打破了波斯帝国的美梦。正义之神对于想要用武力统治世界、以奴隶制束缚人类的聪明才智和对自由抱以向往之心的波斯人也是毫不心软，给了他们严厉的惩罚。

名词检索表

A	
亚历山大大帝	Alexander the Great
阿托莎	Atossa
亚历山德罗斯	Aleuandros
亚里士多德	Aristotle
阿里斯蒂德	Aristides
埃斯库罗斯	Aeschylus
阿尔特米西亚一世	Artemisia I of Caria
阿得曼托斯	Adeimantos
雅典娜	Athena

（续表）

阿伽门农	Agamemnon
阿律阿铁斯二世	Alyattes Ⅱ
阿斯提阿格斯	Astyages
阿尔忒弥斯	Artemis
阿特弗尼斯	Artaphernes
阿塔吉诺斯	Attaginus
阿里斯塔格拉斯	Aristagoras
阿普里伊	Apries
阿玛西斯	Amasis
雅利安人	Aryan
阿皮斯	Apis
阿索斯	Άθος
阿尔戈斯	Argos
阿提卡	Attiki
雅典	Athens
雅利安	Aryans
德尔斐	Archaeological Site of Delphi

（续表）

爱琴海	the Aegean Sea
安德罗斯岛	Andros
亚加亚	Achaea
阿拉克斯河	Araxe
阿比多斯	Abydos
阿菲提	Aphetae
阿雷奥帕格斯	Areopagus
阿克罗波利斯	Akropolis
阿尔戈利斯	Argolis
安菲波利斯	Amphipolis
亚述	Assyria
阿契美尼德王朝	Achaemenid
B	
波瑞阿斯	Boreas
布伦努斯	Brennus
贝希斯敦	Behistun

（续表）

贝都因人	Beduin
彼奥提亚	Boeotia
拜占庭	Byzantium
古巴比伦	Babylon
蒲式耳	Bushel
伯明翰	Birmingham
布里斯托	Bristol
布哈拉	Bukhara
贝鲁特	Beirut
巴克特里亚	Bactria
贝里托斯	Beytos
C	
科林斯	Corinth
迦太基	Carthage
塞浦路斯	Cyprus
基亚克萨雷斯	Cyaxares

（续表）

冈比西斯二世	Cambyses Ⅱ of Persia
居鲁士二世	Cyrus Ⅱ
合恩角	Cape Horn
卡里斯托斯	Carystos
卡帕多基亚	Cappadocia
科西嘉岛	Corsica
基西拉岛	Cythera
克里特岛	Crete
科卢沃岛	Corf
D	
提洛	Delian
迪奥塞斯	Deioces
大流士一世	Darius I the Great
德马拉托斯	Demaratos
达特斯	Datis
达达尼尔海峡	Dardanelles

（续表）

多瑙河	Danube
多里安式	Doric order
德拉克马	Drachma
德克利亚	Dhekelia
E	
恩底弥翁	Endymion
欧里比亚德斯	Eurybiades
伊特拉斯坎氏族	Etruscan
埃克巴塔纳	Ecbatana
埃利色雷	Erythrai
埃雷特里亚	Eretria
伊庇鲁斯	Epirus
埃及	Egypt
G	
希腊	Greece
革隆	Gelon

（续表）

高墨达	Gaumata
加里波利	Gallipoli
H	
希罗多德	Herodotus
希斯塔斯佩斯	Hystaspes
哈米尔卡	Hamilcar
哈利卡那索斯	Halicarnassus
赫拉克勒斯	Hercules
赫楞	Hellen
海达尔尼斯	Hydarnes
汉尼拔	Hannibal
哈尔帕哥斯	Harpagus
希庇亚斯	Hippias
希帕克斯	Hipparchus
希洛人	Helot
苏格兰高地人	Highlanders

（续表）

希迈拉	Himera
赫勒斯滂	Hellespont
哈吕斯河	Halys
I	
伊利里亚人	Illyrian
伊朗	Iran
意大利	Italy
伊比利亚	Iberia
爱奥尼亚	Ionia
巴拿马地峡	Isthmus of Panama
J	
耶路撒冷	Jerusalem
K	
卡里亚	Καρiα

（续表）

L	
吕库古	Lycurgus
利姆诺斯岛	Lemnos
拉科尼亚	Laconia
拉里萨	Lárisa
吕底亚	Lydia
阿蒙神殿	Luxor Amon Tem
列奥尼达一世	Leonidas I

M	
马多尼奥斯	Mardonius
马其顿	Macedonia
米底亚	Media
米提亚德	Miltiades
曼提尼亚	Mantinea
孟斐斯	Memphis
迈锡尼	Mycenae

（续表）

迈加拉	Megara
大希腊	Magna Græcia
马萨利亚	Massalia
马拉松平原	Marathon Plain
阿托斯山	Mount Athos
N	
尼布甲尼撒二世	Nebuchadnezzar Ⅱ
尼米亚	Nemea
诺曼王朝	Norman dynasty
那波帕拉萨尔	Nabopolassar
努比亚	Nubia
尼尼微	Nineveh
纳克索斯岛	Naxos Island
尼罗河	Nile River
O	
奥利弗·克伦威尔	Oliver Cromwell

（续表）

欧塔涅斯	Otanes
欧勒斯	Oleshe
奥林匹亚	Olympia
奥萨山	Ossa
P	
珀尔塞福涅	Persephone
珀尔修斯	Perseus
比雷埃夫斯	Piraeus
菲迪皮茨	Phidippides
皮托	Pytho
普萨姆提克一世	Psammitichos Ⅰ
普萨姆提克二世	Psammitichos Ⅱ
庇西特拉图	Peisistratus
毕达哥拉斯	Pythagoras
帕萨尼亚斯	Pausanias
佩里安德	Periander

（续表）

皮西厄斯	Pythias
佩奥尼亚人	Peoniens
伯罗奔尼撒半岛	Peloponnesus
波斯波利斯	Persepolis
普拉提亚	Plataea
普斯塔利亚岛	Psyttalia
品都斯山	Pindus Mountains
皮立翁山	Pelion
帕纳索斯山	Parnassus
普鲁塔克	Plutach
佩文西	Pevensey
腓尼基	Phoenicia
波斯	Persia
巴勒斯坦	Palestine
葡萄牙	Portugal

（续表）

R	
罗马	Rome
拉美西斯	Ramses
罗纳河	Rhone River
S	
梭伦	Solon
塞索斯特里斯	Sesotris
赛米拉米斯	Semiramis
塞勒涅	Selene
锡拉库萨	Syracuse
撒丁岛	Sardegna
斯巴达	Sparta
萨摩斯	Samos
西吉昂	Sigeum
解负令	Seisacktheia
塞西亚	Scythia

谢菲尔德	Sheffield
撒尔迪斯	Sardis
西西里	Sicilia
萨罗尼克海湾	Saronic Gulf
塞斯托斯	Sestos
西奈沙漠	Sinai desert
斯特里蒙河	Strymon
苏尼翁	Sounion
赛伊尼	Syene
锡索尼亚	Sithonia
萨拉米斯	Salamis
叙利亚	Syrian
西班牙	Spain
T	
修昔底德	Thucydides
特里波利斯	Tripolis
地米斯托克利	Themistocles

泰勒斯	Thales
忒修斯	Theseus
第勒尼安人	Tyrrhenian
底比斯	Thebes
色雷斯	Thrace
土耳其	Turkey
塞萨利	Thessaly
提尔	Tyre
塔内斯河	Tanais River
塞尔迈海湾	Thermaic Gulf
忒涅多斯岛	Tenedos
W	
威廉	William
沃伦·黑斯廷斯	Warren Hastings
X	
薛西斯一世	Xerxes I

Y	
约克	York
Z	
琐罗亚斯德	Zoroastrianism
宙斯	Zeus

古欧亚帝国大事年表

帝国的对抗和扩张	时间		事件	
斯巴达和美塞尼亚的对抗	公元前8世纪—公元前5世纪	公元前740年	第一次美塞尼亚战争发生	斯巴达在此战役中侵占美塞尼亚大片领土
		公元前720年	第一次美塞尼亚战争结束	
		公元前660年	第二次美塞尼亚战争发生	斯巴达在此战役中巩固了对美塞尼亚的占领，并对希洛人进行残酷镇压
		公元前645年	第二次美塞尼亚战争结束	
		公元前464年	第三次美塞尼亚战争发生	第三次美塞尼亚战争以美塞尼亚胜利而告终
		公元前453年	第三次美塞尼亚战争结束	

（续表）

帝国的对抗和扩张	时间	时间	事件	事件
新亚述帝国的扩张和灭亡	公元前 7 世纪	公元前 671 年	亚述帝国攻占孟斐斯，统治了下埃及	尼科一世去世后，普萨美提克一世继位打败亚述帝国，建立了埃及第二十六王朝
		公元前 664 年	普萨美提克一世击退亚述帝国	
		公元前 612 年	米底和新巴比伦王国联盟	此次结盟后，尼布甲尼撒二世和米底公主阿米蒂斯联姻以巩固联盟
		公元前 610 年	普萨美提克一世去世，其子尼科二世继位	
		公元前 605 年	卡赫美什战役发生	在此次战役中，新巴比伦国王尼布甲尼撒大帝消灭了亚述，击败了埃及人
新巴比伦和犹太的对抗	公元前 6 世纪	公元前 597 年	新巴比伦国王尼布甲尼撒二世开始征服犹太王国	历史上将这次事件称为巴比伦之囚
		公元前 538 年	至此，新巴比伦国王尼布甲尼撒二世已两次征服犹太王国	
波斯帝国的建立、扩张和灭亡	公元前 6 世纪—公元前 4 世纪	公元前 598 年	吕底亚和米底开始交锋	此后，吕底亚和米底之间时有战争，但两败俱伤，难分胜负

（续表）

帝国的对抗和扩张	时间	时间	事件	
波斯帝国的建立、扩张和灭亡	公元前6世纪—公元前4世纪	公元前585年	米底君主阿斯提阿格斯将女儿嫁给冈比西斯一世	此次联姻后，阿斯提阿格斯的女儿诞下居鲁士
		公元前582年	米底与吕底亚结束征战状态，结为友好	
		公元前560年	克洛伊索斯继承吕底亚王位	克洛伊索斯在继承王位后开始对小亚细亚希腊城邦进行征伐
		公元前559年	居鲁士二世统一波斯，建立阿契美尼德王朝	
		公元前550年	居鲁士二世攻克米底都城，建立波斯帝国	
		公元前547年	普特里亚战役发生	居鲁士二世在此次战役中带领波斯帝国战胜吕底亚
		公元前546年	吕底亚进攻波斯	居鲁士二世率军还击，打败了吕底亚，且俘虏了吕底亚国王克洛伊索斯

（续表）

帝国的对抗和扩张	时间	事件	
波斯帝国的建立、扩张和灭亡	公元前6世纪—公元前4世纪	公元前538年	居鲁士二世包围巴比伦城，成为西亚唯一的霸主
		公元前530年	居鲁士二世于战争中身亡，其子冈比西斯二世继承王位
		公元前525年	冈比西斯二世征服埃及，建立埃及第二十七王朝，即波斯王朝
		公元前522年	波斯宫廷祭司高墨达发动暴动，废除了冈比西斯二世
		公元前522年	大流士一世发动政变，杀死了统治波斯的高墨达，自身被推举为王
		公元前518年	大流士一世在位实行改革，波斯国力得到增强
		公元前517年	大流士一世进攻印度次大陆，建立印度行省

（续表）

帝国的对抗和扩张	时间	时间	事件	
波斯帝国的建立、扩张和灭亡	公元前6世纪—公元前4世纪	公元前516年	大流士一世开始在小亚细亚沿海岸攻打希腊的殖民地	
		公元前513年	波斯远征东欧的西徐亚人，占领了色雷斯	
		公元前500年	爱奥尼亚希腊城邦反抗波斯人，发动爱奥尼亚起义	
		公元前499年	大流士一世进攻希腊	
		公元前494年	爱奥尼亚城邦发动起义，但以失败告终	
		公元前486年	埃及爆发起义，大流士一世前往镇压而去世，薛西斯一世继位	
		公元前334年	格拉尼库斯河战役开始	此战役是马其顿与波斯军在格拉尼库斯河的首次大规模交战
		公元前333年	伊苏斯战役发生	此战役是马其顿和波斯帝国在伊苏斯的一次交战

（续表）

帝国的对抗和扩张	时间	事件	
波斯帝国的建立、扩张和灭亡	公元前6世纪—公元前4世纪	公元前331年	高加米拉战役发生	此战役是马其顿和波斯帝国在高加米拉进行的一次战役
		公元前330年	马其顿国王亚历山大大帝率军进攻波斯，波斯帝国灭亡	
希腊和波斯的对抗	公元前5世纪	公元前499年	米利都等希腊城邦发动起义，获得雅典支持	波斯国王大流士一世镇压起义后，转而准备进攻雅典
		公元前490年	波斯帝国对雅典发动马拉松战役	此战役是波斯对希腊的第一次入侵，标志着希波战争的开始
		公元前480年	波斯帝国和古希腊再次交锋，温泉关战役发生	斯巴达三百精兵誓死捍卫温泉关的事迹在历史上流芳百世
			波斯国王薛西斯一世讨伐希腊，发动了萨拉米斯海战	波斯海军在此战役中遭受重创
		公元前479年	希腊反击波斯发动普拉提亚战役，且获得胜利	

（续表）

帝国的对抗和扩张	时间	时间	事件	
希腊和波斯的对抗	公元前5世纪	公元前478年	雅典各城邦在提洛岛组成新的同盟	历史上将此次同盟称为"提洛同盟"
		公元前449年	希腊和波斯谈判签订《卡里阿斯和约》	合约签订标志着希波战争的结束
雅典和斯巴达的对抗	公元前6世纪—公元前4世纪	公元前594年	梭伦改革开始进行	梭伦政治改革的施行废除了债务奴隶制
		公元前509年	克利斯提尼改革进行	克利斯提尼改革的施行确立了雅典民主政治
		公元前445年	雅典与伯罗奔尼撒同盟缔结三十年和约	
		公元前431年	伯罗奔尼撒同盟公开对抗雅典和提洛同盟，阿希达穆斯战争爆发	此阶段为雅典和斯巴达各自为首进行的伯罗奔尼撒战争的第一阶段
		公元前422年	斯巴达和雅典签订五十年和平条约，史称《尼西阿斯和约》	
		公元前421年	阿希达穆斯战争宣布结束	
		公元前415年	西西里战争发生	雅典远征西西里失败，也失去了海上优势

（续表）

帝国的对抗和扩张	时间	事件	
雅典和斯巴达的对抗	公元前6世纪—公元前4世纪	公元前413年	德凯利亚战争爆发	作为伯罗奔尼撒战争最后阶段的一场战役，斯巴达打败雅典
		公元前404年	德凯利亚战争结束	提洛同盟宣布解散，雅典接受加入伯罗奔尼撒同盟
		公元前395年	科林斯战争发生	此战役是以雅典和斯巴达各自为首的城邦联盟为阵营而进行的战争
		公元前394年	喀罗尼亚战役发生	在这场战争中斯巴达打败了反斯巴达联军
		公元前387年	科林斯战争结束	斯巴达与波斯签订以牺牲希腊利益为代价 的《大王和约》
		公元前378年	雅典再次联合多个城邦组成第二次雅典海上同盟	
		公元前362年	曼丁尼亚战役发生	在此次战役中，底比斯战胜斯巴达，称霸古希腊

（续表）

帝国的对抗和扩张	时间	时间	事件	事件
雅典和斯巴达的对抗	公元前6世纪—公元前4世纪	公元前357年	希腊同盟战争发生	雅典为恢复海上霸权，造成同盟国分裂，导致战争爆发
		公元前355年	希腊同盟战争结束	雅典战败，海上同盟面临瓦解
马其顿的扩张	公元前4世纪	公元前359年	马其顿王国腓力二世继位	在腓力二世统治下，马其顿变成实力强大的王国
		公元前338年	腓力二世遇刺身亡，亚历山大继位	
		公元前334年	亚历山大东征拉开序幕	亚历山大通过东征建立起一个地跨欧、亚、非三洲的庞大帝国
		公元前323年	亚历山大大帝发热暴毙身亡	事发突然，庞大的帝国面临分裂
罗马和迦太基的对抗	公元前3世纪—公元前2世纪	公元前264年	第一次布匿战争发生	罗马战胜迦太基且占领其撒丁岛和科西嘉岛为行省
		公元前241年	第一次布匿战争结束	

（续表）

帝国的对抗和扩张	时间		时间	事件
罗马和迦太基的对抗	公元前3世纪—公元前2世纪	公元前219年	伊比利亚战役发生	汉尼拔在伊比利亚对罗马实行强烈攻击，此战役是第二次布匿战争的导火索
		公元前218年	特雷比亚河会战发生	汉尼拔在此次战役中进军意大利获得重大胜利
		公元前217年	特拉西美诺湖之战发生	迦太基军队和罗马军队在特拉西美诺湖畔交战，最终迦太基获胜
		公元前216年	坎尼会战发生	迦太基在战争中胜出，此战役为第二次布匿战争中的主要战役，也被誉为军事史上最伟大的战役之一
			诺拉之战发生	汉尼拔三次进攻诺拉城，被马塞拉斯击退
		公元前214年	诺拉之战结束	
		公元前212年	叙拉古战役发生	马塞拉斯在此战役中攻破了背叛罗马的叙拉古

（续表）

帝国的对抗和扩张	时间		事件	
罗马和迦太基的对抗	公元前3世纪—公元前2世纪	公元前202年	扎马战役发生	迦太基战败，与罗马签订合约，第二次布匿战争落下历史帷幕
		公元前201年	扎马战役结束	
		公元前149年	第三次布匿战争发生	迦太基战败，罗马地中海上霸主地位奠定
		公元前146年	第三次布匿战争结束	

图书在版编目（CIP）数据

希波战争/（英）G. W. 考克斯著；于艳译 . --北京：
应急管理出版社，2021
ISBN 978 - 7 - 5020 - 8545 - 2

Ⅰ . ①希⋯　Ⅱ . ①G⋯　②于⋯　Ⅲ . ①希波战争—战争
史　Ⅳ . ①K125

中国版本图书馆 CIP 数据核字（2021）第 001394 号

希波战争

著　　者	（英）G. W. 考克斯	
译　　者	于　艳	
责任编辑	高红勤	
封面设计	主语设计	

出版发行　应急管理出版社（北京市朝阳区芍药居 35 号　100029）
电　话　010 - 84657898（总编室）　010 - 84657880（读者服务部）
网　址　www. cciph. com. cn
印　刷　北京楠萍印刷有限公司
经　销　全国新华书店

开　本　710mm×1000mm$^1/_{16}$　**印张**　15　**字数**　190 千字
版　次　2021 年 6 月第 1 版　2021 年 6 月第 1 次印刷
社内编号　20201231　　　　　　**定价**　68.00 元